Christa Spilling-Nöker
50 Zutaten zur Liebe

Christa Spilling-Nöker

50 Zutaten
zur Liebe

HERDER

FREIBURG · BASEL · WIEN

In gleicher Ausstattung
ist von der Autorin erschienen:

50 Zutaten zum Glück
Von A wie Apfel bis Z wie Zimt
Herder Spektrum Band 7109

Inhalt

Einleitung

Vom Geheimnis der Liebe

Die Liebe ist wohl das tiefste Geheimnis des Lebens und das größte Menschheitsthema überhaupt. Die Bibliotheken sind voll von Büchern darüber: Philosophen, Theologen, Psychologen, Soziologen, Lyriker, Romanschriftsteller und viele andere haben sich damit befasst und in unterschiedlichen Epochen ihre Gedanken dazu auf Papier gebracht. Dabei geht es letztlich immer um den gleichen Kern, der uns berührt: Um die Sehnsucht danach, von einem anderen Menschen in unserem Wesen nicht nur geachtet und respektiert, sondern zugleich ganz angenommen und geliebt zu werden, so dass wir das Gefühl haben, dass nicht nur unser Körper, sondern zugleich unsere Seele gestreichelt und umarmt wird. Wir träumen davon, dauerhaft geborgen zu sein, uns einem Menschen ganz anvertrauen zu können und uns bei ihm fallen lassen zu dürfen. Wir wünschen uns, dass sich ein anderer Mensch im Tiefsten für uns interessiert: dass er wissen möchte, was für eine persönliche Lebensgeschichte wir haben, was in uns vorgeht, wovor wir uns fürchten, welche Ziele wir ansteuern, wovon wir träumen, worauf wir uns freuen, was wir glauben und worauf wir vertrauen.

Das sind alles hehre Wünsche und Gedanken. Doch der Alltag sieht oft anders aus. Beide sind abends müde von der Arbeit, vielleicht auch von den Kindern stark beansprucht, reden nur das Nötigste und versinken nach dem Essen im Fernsehsessel. Da braucht es ein stetes Bemühen auf beiden Seiten, um aus der sich einschleichenden Lethargie herauszukommen und dem Zusammenleben neue Impulse zu geben.

Und bei aller Liebe gibt es ja auch immer wieder Situationen, in denen es einem nicht so leicht fällt, den Partner, die Partnerin anzunehmen oder sogar zu ertragen. Da hilft manchmal nur eine gewaltige Portion Humor, um entsprechende Gegebenheiten gelassen zu überstehen.

Mögen wir uns dem großen Menschheitsthema der Liebe in diesem Buch auf mal heitere, mal besinnliche Weise neu annähern, uns selbst – oder die Partnerin / den Partner – hier und da vielleicht entdecken und über uns und unsere Eigenheiten oder die des Partners / der Partnerin schmunzeln. Damit sich das Zusammenleben, bei allen auftauchenden Schwierigkeiten, möglichst oft eine heitere Seite bewahrt.

Liebe ist letztlich nicht machbar, sondern bleibt, wo immer wir sie erfahren, ein unverfügbares Geschenk, das sorgsam betreut und gepflegt werden will.

Liebe – ein Geschenk des Himmels

Wo immer du Liebe
in deinem Leben erfährst,
ist sie ein Geschenk.
Du kannst sie dir weder kaufen
noch durch Leistung erwerben
oder gar erzwingen.

Sie ist das größte Glück,
das dir widerfahren kann.
Darum pflege sie so aufmerksam
wie einen Garten,
damit immer wieder Neues
in ihr aufbrechen, blühen
und Frucht bringen kann.

50 Zutaten
zur Liebe

1 **Achtsamkeit** üben

Sie kam an diesem Abend sehr spät nach Hause. Wieder einmal waren unverhofft Überstunden angefallen, dazu hatte es Ärger mit dem Chef und eine leidige Auseinandersetzung mit einer Kollegin gegeben. Als sie in die Wohnungstür trat, sah er ihr an den Augen an, dass sie Kopfschmerzen hatte. „Du bist ja völlig erschöpft." Zärtlich nahm er sie in die Arme. „Komm, zieh die Schuhe aus und leg dich aufs Sofa." Schon war er in der Küche verschwunden, um einen Tee zu machen. Mit dem dampfenden Getränk setzte er sich zu ihr – und während er ihr die Füße massierte, ließ er sich die unangenehmen Ereignisse des Tages erzählen. „Was auch immer andere an dir auszusetzen haben", meinte er, „für mich bist du der wundervollste Mensch der Welt." Als sie schließlich einnickte, deckte er sie behutsam zu.

Du gibst mir Halt

Du bist stets für mich da,
wenn ich dich brauche.
Wenn ich müde bin
oder weder aus noch ein weiß,
kann ich mich bei dir fallen lassen.
Du trägst meine Verzagtheit
und meine Ängste mit,
indem du mich nur still
in deine Arme schließt.
Der Halt, den du mir
dadurch schenkst,
lässt mich in Ruhe neu erstarken,
bis ich mein Leben wieder
aus eigener Kraft gestalten kann.

2 **Aufmerksamkeiten** erhellen den Alltag

Liebevolle Überraschungen

Aufmerksamkeiten halten eben
die Liebe wirkungsvoll am Leben:
Mal zwischendurch ein Blumenstrauß
löst allermeistens Freude aus,
ein paar Pralinen, beste Sorte,
ein Stückchen von der Lieblingstorte,
den Frühstückstisch schon schön gedeckt,
bevor frau ihren Liebsten weckt.
Auch Eintrittskarten zum Konzert
sind eine Überraschung wert –
und dann und wann, direkt vor Ort
einfach ein richtig liebes Wort.
Ein Herz, aufs Kopfkissen gelegt –
wie schnell sich da die Freude regt.
Ja, wenn man mit viel Fantasie,
mit Einfallsreichtum und Esprit
dem Alltag steten Glanz verleiht –
da ist der Himmel nicht mehr weit.

Bekanntes Modell

Es war ein großes Bankett, auf dem die Tochter aus einer reichen amerikanischen Familie neben dem Staatspräsidenten zu sitzen kam. Man diskutierte bei Tisch den technischen Fortschritt. „Zu so vielen Dingen ist der Mensch fähig", meinte die Lady, „nur ist es ihm bisher nicht gelungen, eine Maschine zu erfinden, die einen morgens liebevoll weckt, das Fenster schließt, die Heizung aufdreht und einem das Frühstück ans Bett bringt."

„Aber solch ein Instrument existiert doch schon seit Jahren und wird regelmäßig in neuen Ausführungen hergestellt", warf der Präsident ein.

„Wo kann ich denn dieses Wunderding bekommen?", fragte die Lady erstaunt.

„Auf jedem Standesamt – das Modell können Sie sich sogar selbst aussuchen. Die Erfindung heißt ganz einfach: ‚Ehemann'."

3 **Aufrichtig** leben

Das Glück der Liebe:
sich vor dem anderen ganz aussprechen dürfen.
Das Geheimnis der Liebe:
Vieles unausgesprochen lassen.
Beides bindet.
Sigmund Graff

Natürlich gehört Aufrichtigkeit zu einer Partnerschaft dazu. Man muss dem anderen offen und ehrlich in die Augen blicken können, wenn man ihm etwas vom eigenen Erleben erzählt. Das gilt auch für heikle Erfahrungen, die einem nicht so leicht über die Lippen kommen. Die Voraussetzung dafür ist natürlich, dass das Vertrauen zueinander so tief ist, dass der Partner die Ehrlichkeit des anderen auch erträgt, vielleicht sogar zu würdigen weiß: „Es ist gut, dass du mir das hast sagen können. Jetzt lass uns gemeinsam überlegen, was dieses Ereignis für unsere Beziehung bedeutet und wie wir damit umgehen können." Durch solche oder ähnliche Worte wird wieder Nähe hergestellt, die den beiden ermöglicht, den Vorfall miteinander zu besprechen, zu verarbeiten und – langfristig gesehen – in die Partnerschaft und damit in die Beziehungsgeschichte zu integrieren.

Was aber, wenn man begründete Angst davor hat, dass der Partner einen nicht versteht oder die Wahrheit nicht erträgt? Ist es da nicht besser, zu schweigen und das Erlebte als Geheimnis in sich selbst zu verschließen, um den anderen nicht zu verletzen und die Beziehung nicht zu gefährden? Ist eine verschwiegene Wahrheit schon eine Lüge? Oder hat man um der eigenen Selbstentwicklung willen ein Recht auf ein Stück Leben, das nur einem selbst gehört? Vielleicht ist das oft eine Gratwanderung. Mag als Maxime gelten: Man muss dem Partner nicht alles sagen, aber man muss ihm alles sagen können.

4 Drum prüfe,
wer sich ewig **bindet** …

„Drum prüfe, wer sich ewig bindet" (Friedrich Schiller): „ob sich nicht noch was Besseres findet …", ergänzt der Volksmund. Nichts anderes meint der Spruch, der in meiner Jugendzeit gängig war: „Verlobt sein heißt: festhalten und weitersuchen." Wer sich für sein ganzes Leben an einen Menschen binden will, sollte nicht im Rausch der Verliebtheit vor den Traualtar treten, sondern in der Tat genau hinschauen, ob die Beziehung ein Fundament hat, auf das sich ein lebenslanges Zusammensein aufbauen lässt. Ob man einen übereinstimmenden Lebensstil hat und gemeinsame Interessen, ob einen die gleichen Zukunftsträume bewegen, und ob man in der Partnerschaft dieselben Ziele verfolgt; die Gründung einer Familie und der Erwerb eines Eigenheims stehen dabei in Deutschland statistisch gesehen an erster Stelle.

Viele Paare leben heutzutage ohne Trauschein zusammen. Eine Beziehung braucht ja auch Zeit zum Wachsen und Reifen. Weder eine standesamtliche Urkunde noch eine kirchliche Segnung sind ein Garantieschein für eine gelingende Ehe. Aber vielleicht drängt eine jahrelange Partnerschaft eines Tages doch auf ein – wie immer gestaltetes – Ritual, in dem die Verbindlichkeit der Beziehung zum Ausdruck gebracht wird.

Und sie heirateten dennoch

Sie waren so sehr ineinander verliebt,
wie es das nur noch in Büchern gibt.
Sie hatte kein Geld. Und er hatte keins.
Da machten sie Hochzeit und lachten sich eins.
Erich Kästner

5 Mit Schirm, **Charme** und ...

Sich betören lassen

Dein Charme hat mich betört,
da hab ich dich erhört.
Jetzt sind wir ein Paar,
das ist wunderbar,
dass nur keiner die Liebe
uns stört.

Es macht Freude, den Partner gelegentlich mit
hinreißender Gebärde um den Finger zu wi-
ckeln, auch dann, wenn man sich schon lange
kennt. Noch schöner ist es, wenn ein wechsel-
seitiges Spiel daraus wird, das für Momente
den Zauber der Anfangszeit wieder neu auf-
leuchten lässt.

Charme ist die Kunst, als Antwort ein Ja zu
bekommen, ohne etwas gefragt zu haben.
Albert Camus

Komplimente

Er sagt zu ihr: „Du bist so schön,
ich liebe es, dich anzusehn."

Sie sagt zu ihm: „Du bist charmant
und außerordentlich galant."

Er sagt zu ihr: „Du bist ein Star,
denn dein Gesang ist wunderbar."

Sie sagt zu ihm: „Du bist sehr tüchtig
in deiner Arbeit – und so wichtig."

Er sagt zu ihr: „Du bist so klug,
vom Lernen kriegst du nie genug."

Sie sagt zu ihm: „Jetzt halte Maß
und öffne mir das Gurkenglas!"

6 **Danken** – mit Wort und Tat

Du hast am Sonntag, ich bin kaum erwacht,
mir liebevoll schon das Frühstück gemacht.
Danke.

Du kochst, ich will es nicht vergessen,
mir oft und gern mein Lieblingsessen.
Danke.

Du reparierst mit viel Bedacht,
wenn ich mal was kaputt gemacht.
Danke.

Du hast für mich an meine Lieben
die Geburtstagsgrüße geschrieben.
Danke.

Du hast stets die Pflanzen begossen, gehegt,
und den Garten immer so schön gepflegt.
Danke.

Du schmückst die Räume zu jedem Fest,
damit es sich dort gut feiern lässt.
Danke.

Du erledigst für mich – ich könnte das nie –
schreckliche Formulare der Bürokratie.
Danke.

Du hast, als ich krank war, bei Tag und Nacht
sorgsam an meinem Bette gewacht.
Danke.

Du stehst mir in meinen Problemen bei,
bis ich wieder gelöst bin und frei.
Danke.

Ich nehme so vieles in meinem Sinn
oft als ganz selbstverständlich hin,
was du mit Achtsamkeit bedenkst
und mir mit deiner Liebe schenkst.
Drum nimm – und das ist jetzt ein „Muss" –
als Dank dafür den liebsten Kuss!

Wie man sich eben ausdrücken kann

Vielleicht bekommen wir ja durch diese Verse Lust, unserem Schatz auch einmal einen Reim auf das zu machen, womit er uns geholfen oder das Zusammenleben erleichtert hat. Wie schön ist es, wenn man dem Partner ein solches Dankeswort schriftlich auf den Frühstücksteller legt, spürt er dadurch doch, dass seine liebevollen Taten wahrgenommen, geachtet und gewürdigt wurden.

Darüber hinaus lässt sich Dank auch durch eine liebevolle Handlung – wortlos und dennoch beredt – zum Ausdruck bringen:

Du hast mein Fahrrad repariert – *Ich koche dein Lieblingsessen (das mir selber nicht schmeckt).*

Du lässt mir viel Freiraum für meine Hobbys – *Ich sehe mir mit dir zum siebten Mal deinen Lieblingsfilm an.*

Und jetzt sind Sie dran!

7 Nähe und **Distanz**

Abende zu zweit

Der Herzog von Nivernois besuchte Abend für Abend die Gräfin Rochefort. Schließlich verstarb die Gemahlin des Herzogs und auch die Gräfin wurde Witwe. Freunde legten dem Herzog nahe, zu heiraten. „Den Gedanken hatte ich auch schon", erwiderte der Herzog, „aber wo soll ich mich dann an den Abenden aufhalten?"

Abende allein

In der Phase der Verliebtheit sehnen wir uns danach, jede freie Stunde mit dem Partner zu verbringen – und das ist ja auch wunderschön. Im Laufe der Jahre aber ändert sich diese Haltung. Gern bleiben wir auch einmal einen Abend allein, um völlig ungestört den eigenen Interessen nachgehen zu können: in Ruhe ein Buch zu lesen, Briefe zu schreiben, einen Film zu sehen, der den Partner langweilt, uns selbst aber anregt, mit einem netten Menschen zu telefonieren, von dem wir lange nichts gehört haben oder uns mit alten Freundinnen oder Freunden zu treffen. Das ist kein mangelnder Respekt vor dem Partner und auch nicht das Ende einer Liebe. Jeder braucht eben gelegentlich Zeit für sich selbst, damit er bei anderen Quellen auftanken kann und dem Partner auch wieder etwas Neues zu erzählen hat. Lassen wir uns also gegenseitig etwas Luft, damit das bekannte Sprichwort „Sie lebten allein von Luft und Liebe" eine neue Nuance bekommt: „Nur weil sie sich gegenseitig genügend Luft ließen, erhielten sie ihre Liebe am Leben."

Manchmal brauche ich Zeit für mich

Es gibt Phasen,
in denen ich Abstand
brauche zu dir.
Dann muss ich mit mir selbst
und meinen Gedanken
und Gefühlen für eine Weile
allein sein.

Ich bitte dich, mich nicht
misszuverstehen.

Wenn der richtige Zeitpunkt
gekommen ist,
werden wir einander wieder
mit gespannter Erwartung
und in neu erwachender
Zärtlichkeit begegnen.

8 Mit **Eifersucht** umgehen können

Mit den eigenen Waffen geschlagen

Sie waren beide noch jung und sehr verliebt. Aber ihr entging nicht, dass ihr Freund sich nach jeder schönen Frau den Hals verdrehte. Eines Tages hatte sie es satt. Sie befanden sich auf einer gemeinsamen Urlaubsreise durch Spanien, als er in Madrid wieder einmal jedem attraktiven Mädchen hinterherschaute. Ohne ein Wort zu sagen, drehte sie sich nach einem gut aussehenden jungen Spanier um, der ihnen an einer Straßenkreuzung über den Weg lief und machte eine entsprechende Bemerkung dazu. Ihr Freund fragte empört, was das solle, schließlich sei sie mit ihm zusammen im Urlaub. Sie entgegnete lächelnd: „Aber mein Schatz, ich habe mich gerade nur so verhalten, wie du es mir ständig zumutest."

Eifersucht ist eine Leidenschaft …

„Eifersucht ist eine Leidenschaft, die mit Eifer sucht, was Leiden schafft", so lautet eine bekannte Redensart. Ein gewisses Maß an Eifersucht ist sicher gut, zeigt sie doch, dass einem der Partner nicht gleichgültig ist. Bei manchen Menschen artet sie allerdings zu einem krankhaften Kontrollzwang aus wie bei jenem Paar, wo er gerade noch allein den Mülleimer nach unten tragen, sich sonst aber kaum mehr eigenständig außer Haus bewegen durfte. Da geht es dann nicht mehr um die Liebe zum anderen, sondern um den Erhalt der eigenen Macht innerhalb der Partnerschaft. Und das ist erfahrungsgemäß der Anfang vom Ende. Schade eigentlich – um die Liebe, die ja anfangs einmal dagewesen ist.

Eifersüchtig sein heißt: nicht an seiner Frau, sondern an sich selbst zweifeln.
Honoré de Balzac

9 **Entscheidungen** treffen

Nicht alles auf „später" verschieben

„Später, wann ist das, hab ich ihn gefragt,
doch er hat nur gelacht und hat ‚später'
    gesagt.
Obwohl ich ihn liebe, ließ ich ihn allein.
Später – da kann es zu spät für mich sein."
    Das ist der Refrain eines Schlagers aus den
1970er Jahren. Im Text selbst heißt es sinnge-
mäß: Später, ja da wollte er reich werden, das
Leben genießen und mit ihr auf seine Erfolge
anstoßen. Das Ende vom Lied ist im wahrsten
Sinne des Wortes, dass er frühzeitig verstarb.
    Sie hatte eine Entscheidung getroffen,
nämlich sich von ihm zu trennen, weil sie in
der Gegenwart glücklich sein wollte und nicht
geneigt war, mit ihm zusammen auf eine Zukunft zu warten, von der ungewiss war, ob sie
jemals eintreten würde.

Sich entscheiden

Irgendwann einmal
eine Entscheidung treffen
und ja sagen
oder auch nein
und dann dazu
stehen können:
wenn möglich
ein Leben lang.

Was wäre, wenn …

Überlege gut: Wenn dein Partner heute ster-
ben würde, was hättest du versäumt, mit ihm
zusammen zu leben? Schreibe all deine Einfälle auf einen Zettel. Und versucht dann gemeinsam, deine Wünsche und Träume – und
auch seine – in die Tat umzusetzen.

10 Grenzenlose **Fantasie**

Für dich lasse ich mir etwas einfallen

Es ist hübsch, wenn zum Beispiel das Geburtstagsgeschenk nicht nur schön verpackt ist, sondern der gesamte Geburtstagstisch einfallsreich gestaltet ist. Nehmen wir an, der Partner hat im Herbst Geburtstag. Wir suchen ein Geschenkpapier mit Herbstblättern. Dann dekorieren wir um die Geschenke herum vielleicht Trauben und einen Kürbis, dazu Kastanien aus Schokolade. Bei einem Spaziergang sammeln wir Herbstblätter und legen sie zwischen die anderen Gaben. Eine farblich dazu abgestimmte Kerze und ein Herbstblumenstrauß krönen das Arrangement.

Fantasie kann einer Beziehung Flügel verleihen – und zwar Fantasie sowohl füreinander als auch miteinander für andere.

Gemeinsam ein Fest vorbereiten

Die gemeinsame Vorbereitung eines Festes bereitet sehr viel Freude. Denn da geht es ja nicht nur um die Gästeliste und um die Verköstigung. Die erste Frage lautet: Wie gestalten wir die Einladung. Können wir da etwas Persönliches, Originelles entwerfen, vielleicht eine Fotocollage mit Bildern aus gemeinsamen Zeiten, mit einem witzigen Spruch dazu? Natürlich muss auch eine Begrüßungsrede erdacht werden. Und womit kann man die Gäste während des Festes unterhalten? Soll man einen Musiker einladen oder Liedzettel für gemeinsamen Gesang vorbereiten? Fällt einem eine unterhaltsame Spielidee ein, durch die man die Gäste einander heiter vorstellt? Denken, planen, verwerfen, neue Ideen entwickeln. Ein Riesenspaß!

Würze des Lebens

Mit Fantasie kann man dem Leben
'ne ganz besondere Würze geben:
Womit kann ich die Wohnung schmücken,
so dass sich alle dran entzücken,
damit das Auge sich erfreut –
und das zu jeder Jahreszeit.
Was stecke ich – nur so zum Naschen
dem Liebsten in die Aktentaschen,
damit er sich die Finger leckt
und ihm die Arbeit besser schmeckt.
Und auch am Herd stellt sich die Frage,
welch Kochrezept ich heute wage,
denn Liebe geht, was soll ich sagen,
bekanntlich immer durch den Magen.
Dann gilt es auch noch zu bedenken,
was wir denn unsern Freunden schenken,
damit die hübsch verpackten Sachen
auch wirklich große Freude machen.
Ja, liebe Leute, wie ihr seht:
ein Hoch der Kreativität!

11 **Freiheit**, die ich meine

„Über den Wolken muss die Freiheit wohl grenzenlos sein", sang Reinhard Mey dereinst. In der Partnerschaft ist sie das sicher nicht. Die eigene Freiheit stößt an die Grenze der Verletzbarkeit des Partners. Allerdings darf man sich dadurch nicht tyrannisieren lassen nach dem Motto: „Wenn du dies oder jenes machst, tust du mir sehr weh!" Das kann unter Umständen zu einem üblen Machtspiel führen: weil man den anderen nicht kränken will, lässt man womöglich von freundschaftlichen Beziehungen, eigenen Interessen und harmlosen Vergnügen, die man bisher mit anderen geteilt hat, ab. Und damit gibt man einen Teil der eigenen Persönlichkeit auf. Sich gegenseitig Freiraum zu gewähren will also sorgfältig eingeübt werden, damit sich beide in der Partnerschaft wohlfühlen.

Werde du selbst

Wenn du bei mir bleiben willst,
so bleibe zugleich immer auch bei dir.
Gib nicht die Hälfte von dir auf,
das wäre zu schade
um die vielen Begabungen, die du hast.
Wachse und entwickle dich immer wieder
hin zu dir selbst,
damit wir einander als selbstständige
und freie Menschen begegnen können.

Wer wirklich liebt

Wer wirklich liebt,
kann den anderen
in seiner Persönlichkeit achten.
Er wird ihm Freiraum
zur Selbstentfaltung gewähren
und seine Geheimnisse
respektieren.

Wenn die eigene Meinung gefragt ist

Zur persönlichen Freiheit innerhalb der Partnerschaft gehört natürlich auch, sich nicht nur eine eigene Meinung zu bilden, sondern sie auch selbstbestimmt nach außen zu vertreten, damit es einem nicht so ergeht wie einst dem Schriftsteller Franz Werfel. Dieser war mit Alma Mahler-Werfel verheiratet, der der Ruf einer Haustyrannin vorauseilte. Zu der Zeit, als die Nationalsozialisten in Deutschland die Macht übernommen hatten, war Egon Jacobsen bei dem Ehepaar Werfel zu Besuch. „Was denkst du über die derzeitige politische Situation?", fragte er Franz Werfel. „Nun ja, ich weiß nicht so recht …", zögerte der Schriftsteller, stand auf, öffnete die Tür zum Nebenzimmer und rief: „Alma, Liebste, komm doch bitte mal herüber. Hier möchte jemand meine Meinung hören!"

12 **Freundschaften** pflegen

Nicht alles aufgeben

Eine junge Frau, frisch geschieden, erzählte von ihrer Ehe: „Wir haben viele Fehler gemacht. Einer bestand darin, dass wir dachten, unsere Zweisamkeit würde uns auf Dauer genügen. So kam es schnell zu Eifersüchteleien: Ich gönnte ihm seine Kumpel vom Sportverein nicht, er nörgelte, wenn ich mich mit meinen Freundinnen zum Kaffeeklatsch oder zum Shoppen treffen wollte. So nach und nach gingen uns die Kontakte zur Außenwelt verloren. Uns fehlten die Anregungen, die wir früher durch unsere Freundinnen und Freunde erfahren hatten, der unbekümmerte Spaß, der ja auch mit Interessen zusammenhing, die wir in der Partnerschaft nicht teilten. Unsere Ehe wurde mehr und mehr zu einem Gefängnis, aus dem wir dann beide in der Weise ausgebrochen sind, als wir uns mit anderen

Partnern eingelassen haben. Damit war das Ende der Beziehung eingeläutet. Auch Reden half nicht mehr. Die Ehe, die wir im siebten Himmel geschlossen hatten, war zu einem Scherbenhaufen geworden."

Eine andere Frau berichtet: „Ich habe meinem Zukünftigen all meine Freundinnen und Freunde vorgestellt, als ich sie zu meinem Geburtstag eingeladen habe. Da wusste er, mit wem ich bislang Umgang hatte. Mein Freund machte das genauso. Gelegentlich haben wir dann auch mit einigen von ihnen zusammen etwas unternommen. Daraus ist ein gemeinsamer Freundeskreis gewachsen, den wir nicht missen möchten."

13 Miteinander **fruchtbar** werden

Die Fruchtbarkeit einer Beziehung wurde über Jahrhunderte hin allein darauf bezogen, dass die Frau schwanger werden musste und ein Kind, besser mehrere, gebar. So war es ein alter Brauch, der bis in die Gegenwart reicht, einem Hochzeitspaar eine Wäscheleine, bestückt mit Säuglingskleidung, über das Haus zu hängen oder symbolisch eine Storch-Attrappe über der Eingangstür zu befestigen.

Ein Kind symbolisiert, dass die Partnerschaft fruchtbar geworden ist. Ein neuer kleiner Mensch hat das Licht der Welt erblickt – und das Glück darüber ist bei vielen grenzenlos.

Es gibt zahlreiche Paare, die unendlich darunter leiden, keine eigenen Kinder bekommen zu können, und die alle möglichen Versuche – bis hin zur künstlichen Befruchtung – anstellen, um doch noch den ersehnten Nachwuchs zu empfangen.

Aber es stellt sich die Frage, ob eigene Kinder die einzige Möglichkeit für Paare sind, fruchtbar zu werden. Da erzählt eine Frau von der Zeugungsunfähigkeit ihres Mannes und den zahllosen Gesprächen mit ihm darüber. Schließlich haben sie sich entschieden, einen Säugling aus einem chilenischen Waisenhaus zu adoptieren. Ein anderes kinderloses Paar berichtet, dass es sich ehrenamtlich im Besuchsdienst der Kirchengemeinde engagiert. Und ein drittes hat zwei Patenschaften für aidskranke Kinder in Afrika übernommen.

Liebe
will fruchtbar werden
und der Welt
neues Leben schenken.
Die Palette
der Möglichkeiten dazu
ist größer und farbiger,
als mancher Mensch
meint.

14 **Gelassenheit** ist erlernbar

Scherben bringen Glück

Sie hatten Besuch gehabt, so dass sich jede
Menge Geschirr und Gläser in der Küche sta-
pelten. Während sie den Abend noch bei einem Glas Wein ausklingen ließen, lief die
Spülmaschine. Beim Ausräumen zerbrachen
ihm drei Teller. Er regte sich darüber lautstark
auf. Sie eilte in die Küche und fragte: „Hast du
dich verletzt?" – „Nein." – „Worüber ärgerst
du dich dann? Die Teller sind doch ersetzbar."
Im gemeinsamen Alltag kommt es immer
wieder einmal zu kleinen Katastrophen. Die
Frage ist, wie wir damit umgehen. Ob wir uns
dadurch einen schönen Abend zerstören lassen oder einfach hinnehmen, was sowieso
nicht mehr zu ändern ist. Es ist doch schade
um die Energie, die wir bei solchen – letztlich
unwesentlichen – Missgeschicken vergeuden.

Alles halb so schlimm!

Muss man es schon ein Unglück nennen,
wenn einem mal die Kartoffeln anbrennen,
wenn beim Waschen aus Versagen
die Socken geschrumpft sind, nicht mehr zu
tragen?

Muss man gleich einen Streit anfangen,
weil einmal was zu Bruch gegangen,
oder weil die Damasttischdecken
besudelt sind mit Rotweinflecken?

Muss man sich gegenseitig stressen,
weil einer den Hochzeitstag vergessen,
oder wenn Briefe an die Lieben
aus Versehen liegen geblieben?

Muss man aus all dem ein Drama machen?
Ist es nicht schöner, darüber zu lachen?
Schließlich kann man später in netten
Geschichten
von diesen „Unglücksfällen" berichten.

15 **Gespräche** führen

Sie: „Du bist so merkwürdig. Hast du was?"
Er: „Ich habe nichts."
Sie: „Aber ich spüre doch, dass da was ist."
Er: „Da ist nichts."
Sie: „Du kannst es mir ganz offen sagen."
Er: „Es gibt nichts zu sagen."
Sie: „Ich kenn dich doch. Jetzt mach doch mal
den Mund auf."
Er: „Ich sage doch, da ist nichts."
Sie: „Warum kannst du nicht einfach sagen,
was los ist. Schließlich bin ich deine Frau!"
Er: „Nichts ist los."
Sie: „Das glaube ich dir eben nicht."
Er: „Dann lass es."
Sie: „Es ist immer das Gleiche. Da will ich dir
helfen, mit deinen Problemen fertig zu wer-
den, und du stellst dich stur."
Er: „Jetzt haben wir die Nachrichten verpasst."

Diskussionen machen lebendig

Jede zwischenmenschliche Beziehung lebt vom Gespräch. Das beginnt damit, einander abends vom Tag zu erzählen und setzt sich gelegentlich mit einer Diskussion über die Nachrichten des Tages, einen Fernsehbeitrag oder Zeitungsartikel fort. Man sagt seine Meinung und ist gespannt, was der andere zum Thema denkt. Seinen Gegenargumenten muss man sich stellen, was einen dazu herausfordert, blitzschnell die eigene Position mit neuen Begründungen zu untermauern. Man sucht nach Beispielen, um den anderen zu überzeugen, und kommt dabei selbst auf neue Ideen. Plötzlich fällt einem ein, dass man zu dem Thema doch gerade erst etwas gelesen hat. Man sucht das entsprechende Buch heraus und bringt die Sätze des Verfassers ins Gespräch ein. Kann der Partner dem noch etwas entgegensetzen? Oder gelingt es einem, ihn zu überzeugen? Die Diskussion kann zu einem leidenschaftlichen Wortgefecht werden.

Vielleicht kann man aber auch Einwände des Gegenübers nachvollziehen und einige akzeptieren. Dann muss man seine bisherige Position überdenken, revidieren und neu formulieren. Das fordert einen zu schnellen Reaktionen heraus. Solch ein hitziger Diskussionsabend kann, wenn er nicht aus dem Ruder läuft und in einem Streit mündet, sehr spannend sein und beide Partner vor Lebendigkeit nur so sprühen lassen.

Ein Gespräch setzt voraus, dass der andere Recht haben könnte.
Hans-Georg Gadamer

16 **Glücklich** sein

Vor einigen Jahren kam ich mit einem guten
Bekannten – zum vierten Mal verheiratet – ins
Gespräch. Es fehle ihm in seiner Ehe das
„Glücklich-Sein", so seine Worte. Was er denn
darunter verstehe, fragte ich. „Eine – jenseits
aller Tagesgeschäfte – ungezwungene Heiter-
keit, ein Aufatmen und immer wieder ein gemeinsames Lachen. Eine sich aus solcher
Leichtigkeit spontan ergebende sexuelle Begegnung, gemeinsame kreative Einfälle, um
zusammen etwas Verrücktes zu tun. Spaß
miteinander haben – um sich gelegentlich im
Vergnügen wieder auf gelöste Weise nahe
sein zu können."

Es ist das Geheimnis einer guten Ehe, dass
einer Serienaufführung immer wieder
Premierenstimmung gegeben wird.
Max Ophüls

Nur ein liebevolles Wort

Es gibt Eheleute, die ihr Glück auswärts suchen, und in ihrem Haus liegt es aufgebahrt, scheintot. Auferstehen würde es durch den Ruf eines einzigen liebevollen Wortes, aber dieses Wort wird nicht gesprochen.
Peter Rosegger

Manchmal geschieht ein Wunder

Manchmal geschieht es einfach, das Wunder: Nach einer langen Zeit des bemühten, vielleicht auch quälenden Miteinanders stellt sich plötzlich eine Leichtigkeit ein, die beide auflachen lässt. Heiter und frohen Mutes hat man wieder Freude daran, miteinander etwas zu unternehmen und sich zu amüsieren. In gelöster Laune nimmt man einander neu wahr und spürt, dass die Liebe noch einmal erwacht.

Glück fällt nicht immer vom Himmel

Doch es wäre fatal, Jahr um Jahr darauf zu warten, dass sich solch ein Wunder endlich einstellen möge. Im Laufe der Zeit ist jeder gefordert, sich immer wieder um die Lebendigkeit der Partnerschaft zu bemühen. Ein älteres Ehepaar erzählte, dass es sich ein regelrechtes Programm zusammengestellt hat: Einmal im Monat ins Kino oder ins Theater zu gehen und anschließend in einem Restaurant zu speisen. Einmal im Monat ein Wochenende in einer nahegelegenen Stadt oder einem netten Hotel Abstand von den Alltäglichkeiten zu gewinnen. Einmal im Monat etwas für die Bildung zu tun: ein Museum, einen Vortrag oder eine Lesung zu besuchen. Und ebenfalls einmal im Monat die körperliche Gesundheit zu stärken: ein Besuch im Schwimmbad, in der Sauna, eine Wanderung oder eine Fahrradtour. Dadurch bekäme jede Woche einen Höhepunkt, auf den sich beide miteinander freuten.

Fünfundzwanzig Jahre

Als ich dem Ehepaar
zur silbernen Hochzeit gratulierte,
fragte ich die beiden,
wie sie es denn geschafft hätten,
fünfundzwanzig Jahre lang
miteinander glücklich zu sein.
Das Geheimnis
wollen wir Ihnen gerne verraten,
lächelten beide.
Es liegt darin,
dass man nicht mehr erwartet,
dass der andere einen selbst
glücklich macht,
und dann beklagt,
wenn ihm das nicht gelingt,
sondern darin, dass jeder stets
auf das Glück und das Wohlergehen
des Partners bedacht ist.
Wenn man aufhört nachzurechnen,
was man kriegt oder was einem fehlt,
sondern alle seine Kräfte

fantasievoll dafür einsetzt,
dem anderen das zu geben,
was er braucht
und was ihm guttut,
dann nimmt man das,
was einem dadurch selbst
an Liebe widerfährt,
als Geschenk an
und kann sich daran
vorbehaltlos freuen.

Ein Mann braucht 25 Jahre, um sich an die Ehe
zu gewöhnen. Es ist ein Wunder, dass die
Frauen so viel Geduld aufbringen, um darauf
zu warten.
Jane Thornton

17 **Herzklopfen –** Schmetterlinge im Bauch

Frisch verliebt klopft das Herz vor jedem Rendezvous bis zum Halse. Man quält sich mit der Frage, was man anziehen soll, um möglichst attraktiv zu erscheinen. Freude und Aufregung lassen den Puls steigen und das Herz höher schlagen, bis man den geliebten Menschen endlich in die Arme schließen darf. Im Laufe der Jahre wird man ruhiger, die Schmetterlinge im Bauch haben aufgehört umherzuflirren. Das ist ganz normal. Aber man kann sich immer wieder eine Überraschung für den Partner einfallen lassen. Ein unerwartetes Geschenk, ein Candle-light-Dinner daheim, ein neues, attraktives Kleidungsstück, eine mit vielen Blumen geschmückte Wohnung. Vielleicht stellt sich da ja dann doch eine gespannte Erwartung ein: Was wird er dazu sagen, wird es ihr gefallen? Und einen überkommt noch einmal das Gefühl von gespannter Vorfreude auf die Begegnung.

Wenn es Verehrern den Atem verschlägt

Die französische Schauspielerin Augustine Brohan feierte im Jahr 1884 ihren sechzigsten Geburtstag. Den Empfang hatte sie in ihrer neuen Pariser Wohnung ausgerichtet, die im vierten Stockwerk lag. Der erste Gratulant, ein älterer, früherer Verehrer von Madame Brohan, quälte sich die Treppen hoch und stand schließlich völlig außer Atem vor ihr. „Tut mir leid", lächelte die Schauspielerin, „aber im vierten Stockwerk zu wohnen ist in meinem Alter das einzige Mittel, um bei Männern noch Herzklopfen zu verursachen."

Wenn du da bist

Wenn du da bist,
leuchtet der Himmel,
erzittert die Erde,
klopft mein Herz
schneller als sonst.

Wenn du da bist,
bebt meine Seele,
denn meine Liebe
zu dir übersteigt
jedes Maß.

18 Mit **Humor** geht alles besser

Nachdem Gott die Welt erschaffen hat, schuf
er Mann und Frau. Um das Ganze vor dem
Untergang zu bewahren, erfand er den Humor.
Guillermo Mordillo

Nicht alles so ernst nehmen

Man sagt, dass Xanthippe, die Ehefrau von
Sokrates, ein äußerst streitbares Weib gewesen sein soll. Eines Tages hatte es zwischen
den beiden wieder einmal heftig gekracht.
Xanthippe war mit ihren lautstarken Be-
schimpfungen des Gatten nicht gerade zim-
perlich gewesen. Als er auf die Straße geflüch-
tet war und gerade unter dem Fenster ihres
Hauses stand, kippte Xanthippe einen Eimer
Wasser über ihm aus. Triefnass bemerkte er
trocken: „Wenn Xanthippe donnert, lässt sie
es auch regnen."

Von daher wundert es auch nicht, dass Sokrates
einem seiner Schüler mit folgenden Worten
zur Heirat riet: „Wenn du eine gute Frau be-
kommst, dann wirst du glücklich. Entpuppt
sich deine Frau aber als ein böses Weib, dann
wirst du Philosoph."

Am Abend liest er ihr aus der Zeitung vor:
„Die Genforscher haben ein neues ehrgeiziges
Projekt in Angriff genommen Sie wollen das
Altersgen entschlüsseln. Das erste Ziel ist es,
das menschliche Lebensalter auf 400 Jahre
auszudehnen." Darauf sie: „Ach du liebe Zeit,
dann müsste ich ja noch 360 Jahre mit dir
verheiratet sein."

19 **Interesse** zeigen

Ein ganz besonderer Liebesbrief

„Ich möchte gern teilhaben an deinem Leben. An dem, was du denkst, womit du dich gerade befasst, was in dir vorgeht.

Wie ist heute dein Tag gewesen, was hast du erlebt, was hat dich bewegt, was hat dich verletzt oder erheitert? Welche Gedanken sind dir durch den Kopf gegangen, die sich nicht gleich wieder verflüchtigt haben, sondern für dich, zumindest für den Augenblick, wesentlich sind.

Welchen Menschen bist du begegnet, was bedeuten sie dir, welche Botschaften haben sie in dir hinterlassen?

Wen nennst du Freund oder Freundin, was verbindet euch miteinander?

Welches Buch liest du gerade, und was gewinnst du aus der Lektüre für dich?

Erzähl mir, wovon du heute Nacht geträumt hast und welche Gefühle diese Träume in dir ausgelöst haben. Ich will versuchen, mit dir zusammen zu entschlüsseln, was dich im Innersten so tief bewegt, dass es sich während deines Schlafes in bunten Bildern Ausdruck verschafft hat.

Ich möchte gerne wissen, wie es dir wirklich geht, worauf du dich freust oder wovor du dich fürchtest, wonach du dich sehnst und was dich beglückt.

So vieles möchte ich gern mit dir teilen: deine Begeisterung und deine Angst, deine Hoffnung und deine Enttäuschungen, deine Träume und deine Erwartungen – auch an mich.

20 **JA** sagen

Was gibt es
Schöneres auf Erden,
als einen neuen Weg
gemeinsam zu beginnen
und Herz an Herz
den nächsten Schritt
zu wagen
in eine Zukunft
voller Glanz und Licht.

Mit dir will ich
durchs Leben gehen,
an deiner Seite
will ich bleiben,
bei Licht und Schatten
zu dir halten
und bis ins hohe Alter dir
ein treuer und liebender
Gefährte sein.

Als die Gemeinde lachte

In einer Trauansprache kam ich auf die Probleme zu sprechen, den anderen in seiner Persönlichkeit wirklich ganz anzunehmen. Ich sagte: „Im Laufe der Zeit entdeckt man an dem Partner immer wieder Seiten, die man nicht so gerne mitgeheiratet hätte." Für diesen Satz erntete ich ein zustimmendes Lachen der Festgemeinde. Offensichtlich hatte ich ins Schwarze getroffen. Denn wenn wir verliebt sind, sehen wir den Partner durch eine rosarote Brille und glauben, nur Schokoladenseiten an ihm zu entdecken, an denen wir lustvoll herumknabbern dürfen. Erst mit der Zeit nehmen wir wahr, dass jede helle Seite auch ihre dunkle Seite, ihren Schatten hat. Die Auseinandersetzung damit kostet viel Kraft, Geduld und mühevolle Arbeit, auch an uns selbst, bis wir ihn zu akzeptieren gelernt haben.

Zur Liebe reifen

Manchmal fällt es mir schwer,
dich so anzunehmen, wie du bist.
Immer wieder entdecke ich
Seiten an dir, die mir fremd sind,
die mich erschrecken
oder sogar erschauern lassen.
Bisweilen fürchte ich mich davor,
mich in meiner Liebe zu dir
getäuscht zu haben.
Dann aber leuchtet mir
aus deinen Augen
das vertraute Lächeln entgegen,
das meine Zweifel
wieder erstickt.
Ich will nicht aufhören,
dich zu suchen
und dein wahres Wesen zu erkennen,
damit unsere Liebe
sich täglich weiten
und an Tiefe zunehmen kann.

21 Miteinander **kommunizieren**

Stille Post

Ein Paar hatte vor geraumer Zeit ein Buch mit spirituellen Texten zum Thema Liebe geschenkt bekommen. Es gefiel beiden sehr gut. Sie legten es auf ein Tischchen am Fenster und machten es sich zur Gewohnheit, abwechselnd eine Seite aufzuschlagen. So wusste der jeweils andere, mit welchen spirituellen Gedanken der Partner im Blick auf die Beziehung befasst war. Eines Morgens kam der Mann zu dem Tischchen, fand das Buch zu seiner Überraschung aber geschlossen vor. Daneben lag allerdings ein Zettel auf dem stand:

„Heute hätte ich gern mein Frühstück ans Bett: ein Glas Orangensaft, ein Croissant mit Butter und Marmelade, ein Vollkornbrötchen mit Käse, das Ei 6 ½ Minuten gekocht, dazu 2 Tassen Kaffee mit Sahne."

Das Brötchen

Am Morgen der Silberhochzeit saß das Jubelpaar beim Frühstück. „Heute, an unserem großen Ehrentag, habe ich eine Bitte an dich, mein Schatz." – „Nur heraus mit der Sprache", erwiderte der Gatte. – „Weißt du, Liebster, fünfundzwanzig Jahre lang habe ich das Unterteil des Brötchens gegessen und dir die Oberseite überlassen. Heute möchte ich so gern einmal das knusprige Oberteil genießen." – „Und ich hätte in all den Jahren viel lieber das untere Teil gehabt und habe mit Rücksicht auf dich immer das obere Teil gegessen."

Die Demut des Herzens verlangt nicht, dass du dich demütigen, sondern dass du dich öffnen sollst. Das ist der Schlüssel des Austausches. Nur dann kannst du geben und empfangen.
Antoine de Saint-Exupéry

Liebesbriefe sind unersetzbar

Wenn Partner heutzutage für eine Weile getrennt sind, wird schnell zum Handy gegriffen, um einander mitzuteilen, was man erlebt hat und sich gegenseitig, vor allem in den ersten, leidenschaftlichen Monaten der Beziehung, seiner Liebe und seiner Sehnsucht nach dem anderen zu versichern. Das ist auch gut so. Daneben läuft ein Kontakt per SMS oder E-Mail. Noch schöner aber wäre es vielleicht, sich gelegentlich der alten Sitte zu bedienen, dem anderen – mit der Hand – einen Liebesbrief zu schreiben. Dabei will die Poesie des eigenen Herzens wachgerufen werden, denn beim handschriftlichen Formulieren eines Textes muss man sich ja jedes Wort viel genauer überlegen, als wenn man es in flüchtiger Form am Telefon sagt oder schnell in eine Mail tippt. Welche Spannung liegt in der Luft, wenn man das knisternde Kuvert aufreißt und den Bogen öffnet. Und das Schöne ist: Man kann den Brief den ganzen Tag bei sich

haben, ihn dann und wann in stillen Augen-
blicken, vielleicht auf einer versteckten Park-
bank, erneut entfalten und sich auch vor dem
Schlafengehen noch einmal an den mit der
Hand geschriebenen, zärtlichen Gedanken
des geliebten Menschen wärmen.

Worte der Liebe

Heute schreibe ich dir
einen Brief.
Du sollst wissen,
dass ich immer
an dich denke,
dass mein Herz
in deinem schlägt
und dass uns nichts
und niemand
auf dieser Welt
jemals trennen kann.

22 **Kompromisse** finden

In die Berge oder an die See

Beide konnten sich in diesem Jahr überhaupt nicht einigen, wohin sie in Urlaub fahren wollten. Sie wollte unbedingt in die Berge, er hingegen an die See. Als kein Kompromiss in Sicht war, entschieden sie, ihren Urlaub getrennt zu verbringen. Sie reiste in ein Alpendorf, er brach an die Nordsee auf. Jeder genoss die ersten Tage in der erträumten Umgebung in vollen Zügen. Aber nach einer Woche dachte er: „So schön, wie es hier ist, es wäre doch viel netter, sie wäre bei mir. Warum war ich so halsstarrig? Ich werde meine Sachen packen, in ihr Urlaubsdomizil fahren und sie dort überraschen." Zur gleichen Zeit ging ihr durch den Kopf, dass sie vielleicht hätte nachgeben sollen. Warum nicht einmal den Urlaub an der Küste verbringen? Sie kündigte ihr Zimmer in der kleinen Pension, buchte von der nächstgrößeren Stadt aus einen Flug nach Hamburg und fuhr von da aus mit dem Zug zu seinem Ferienort. Natürlich waren beide fassungslos, als sie ihren Schatz nicht dort vorfanden, wo sie ihn vermutet hatten. Sie war es, die zuerst zum Handy griff. Als sich ihre gegenseitigen Überrumpelungsversuche herausstellten, mussten beide herzhaft lachen.

Den Rest des Urlaubs verbrachten sie gemeinsam auf ihrem häuslichen Balkon im Sauerland. Es war beim Kaffeetrinken, als sie zögerlich begann: „Du, ich habe ja jetzt gesehen, wie schön es an der See ist, ich möchte, dass wir im nächsten Jahr unsere Ferien zusammen dort oben verbringen." „Ach, Liebling, die Bergwelt hat mich stärker fasziniert als ich je vermutet hätte, lass uns doch bitte im kommenden Sommer gemeinsam in die Alpen fahren!"

Flexibel sein

Nicht immer stur
auf der eigenen Meinung beharren,
sondern sich auch auf die Vorschläge,
Ideen und Wünsche
des Partners einlassen.
Das Neue, das man dabei entdeckt,
bereichert einen selbst
und verleiht der Beziehung
Lebendigkeit
und Schwung.

Dann und wann nachgeben

Wer in der Partnerschaft
nicht dann und wann
nachgeben kann,
gibt sie auf.

23 **Küssen** wie im Paradies …

Ein junger Doktor der Rechte und eine Stifts-
dame, von denen kein Mensch wußte, daß sie
miteinander in Verhältnis standen, befanden
sich einst bei dem Kommandanten der Stadt,
in einer zahlreichen und ansehnlichen Gesellschaft. Die Dame, jung und schön, trug, wie es
zu derselben Zeit Mode war, ein kleines
schwarzes Schönpflästerchen im Gesicht, und
zwar dicht über der Lippe, auf der rechten
Seite des Mundes. Irgend ein Zufall veran-
laßte, daß die Gesellschaft sich auf einem Augenblick aus dem Zimmer entfernte, derge-
stalt, daß nur der Doktor und die besagte
Dame darin zurückblieben. Als die Gesellschaft zurückkehrte, fand sich, zum allgemei-
nen Befremden derselben, daß der Doktor das
Schönpflästerchen im Gesicht trug; und zwar
gleichfalls über der Lippe, aber auf der linken
Seite des Mundes.

Heinrich von Kleist

Küsse sind das, was von der Sprache des Paradieses übrig geblieben ist.
Joseph Conrad

Sprache des Paradieses

In der Jugend genießt man das Schmusen und Küssen ohne Ende. Aber im Laufe der Jahre verliert sich diese Form der Zärtlichkeit zumeist. Man redet miteinander über das, was eingekauft, erledigt oder im Haus repariert werden muss. Man gibt seine Gedanken zu den neuesten politischen Entwicklungen kund, tauscht seine Meinung über die letzten Wahlen aus und plaudert vielleicht noch über den abendlichen Spielfilm im Fernsehen, bevor man zu Bett geht. Vielleicht sollte man sich – über all diese Alltäglichkeiten hinaus – wieder einmal an die Sprache des Paradieses erinnern. Man könnte ja mit einem behutsamen „Gute-Nacht-Küsschen" beginnen.

Küsse ins Herz

Du bist für mich
der Aufgang der Sonne
am Morgen
und der Stern meiner Nacht.
Du bist mein Leben –
Stunde um Stunde
küsse ich dir
meine Liebe
ins Herz.

Im siebten Himmel

Wenn deine Lippen
die meinen berühren,
fühle ich mich
wie von Engelsflügeln
in den siebten Himmel
getragen – umsonnt
und leicht schwebend
in seligem Glück.

24 **Leidenschaft** und Begehren

Eines Tages wurde der französische Lustspiel-
dichter Sacha Guitry auf einer Gesellschaft
gefragt, ob der Handkuss als Sitte beibehalten
werden sollte.

„Aber selbstverständlich", erwiderte
Guitry, irgendwo muss man doch schließlich
anfangen."

Von der Begierde

„Suche die Liebeslust in deinem Körper zu er-
schöpfen, das heißt, vereinige dich mit deiner
rechtmäßigen Frau, damit dein Herz geschwächt werde und von der Begierde nach
anderen nachlasse." So steht es geschrieben
im *Buch des Kabus* der persischen Weisheits-
literatur des 11. Jahrhunderts. Nun muss man
ja nicht gerade hoffen, dass das Herz des
Partners durch die Leidenschaft geschwächt

werde. Schließlich möchte frau ja selbst auch noch etwas von ihm haben. Aber der Gedanke, der dahinter steht, ist der, dass man sich in seiner Sexualität auf den Partner, in diesem Fall die Partnerin beziehen möge. In den Medien werden uns heute andere Vorstellungen im wahrsten Sinne des Wortes vorgespielt: kaum ein Liebesfilm, in dem nicht eine Episode vom „Fremdgehen" handelt.

In der Hebräischen Bibel wird der Sexualakt mit den Worten beschrieben: „Sie erkannten einander". Da geht es nicht um eine flüchtige Umarmung, sondern um die ganzheitliche Wahrnehmung des Partners. Man könnte sie vielleicht mit den Worten beschreiben:

Indem ihre Körper ineinander versanken, sahen sie einander in die Augen, und durch die Augen bis ins Herz.

Wie (oft) hättest du es denn gern?

Über sexuelle Wünsche, Fantasien, Träume
und Erwartungen müssen Partner offen miteinander reden, um sich gegenseitig auch in
dieser Hinsicht Erfüllung schenken zu können.
Sonst könnte es ihnen ergehen wie dem Paar
in dem folgenden Gedicht.

Im Hühnerstall

Zu einem Freund, der Landwirt war,
kam einst ein junges Ehepaar.
Der Freund sagt: Nun, auf jeden Fall
zeig ich euch jetzt den Hühnerstall.
Die Frau steht staunend stumm dabei,
das Hühnerleben war ihr neu.
Da, plötzlich springt der Hahn aufs Huhn,
wie das die Hähne manchmal tun.
Die Frau, die voll Interesse scheint,
fragt drauf den väterlichen Freund:

„Herr Schulze, sagen Sie doch an,
wie oft am Tag macht das der Hahn?"
Herr Schulze denkt ein wenig nach:
„So zirka zwanzigmal am Tag!"
Darauf die Frau ihr Männchen küsste
und lächelnd sagte: „Siehste, siehste!"
Doch darauf fragt der Mann den Freund:
„Sag, Schulze, wie ist das gemeint?
Läuft denn der Hahn den ganzen Tag
nur stets derselben Henne nach?"
„O nein", erwidert Schulze nun,
„der Hahn nimmt stets ein andres Huhn."
Worauf der Mann sein Weibchen küsste
und lächelnd sagte: „Siehste, siehste!"
Verfasser unbekannt

25 Wo **Lust** im Spiel ist

Zusammen Spaß haben

Häufig wird der Begriff „Lust" in Partnerschaften mit dem erotischen Verlangen gleichgesetzt. Das ist sicher das eine. Doch Lust bedeutet ja viel mehr: Das Verlangen nach etwas, das man von Herzen begehrt. Lust auf etwas haben wir auch allein: auf eine Tasse Kaffee oder einen Eisbecher, auf einen schönen Film oder einen Konzertbesuch, auf Sport oder Spiel. Viel schöner aber, als solche Vergnügen nur für sich auszukosten, ist es oftmals, sie gemeinsam zu genießen. Dabei ergeben sich natürlich immer wieder einmal Widersprüche: Er hat Lust, ein Fußballspiel im Fernsehen zu verfolgen, während sie viel lieber einen Spaziergang im Park machen würde. Da geht es immer wieder um die Suche nach Gemeinsamkeiten: worauf haben wir beide Lust, was macht uns zusammen Spaß?

Es gibt Paare, denen es zum Beispiel sehr viel Freude bereitet, miteinander Tischtennis zu spielen, zu kochen oder zu fotografieren. Manche machen einen kleinen Wettbewerb daraus: wer hat am häufigsten gewonnen und wer muss noch ein wenig üben, wer hat das bessere Steak gebraten, wem sind die imposanteren Bilder gelungen? Daraus entwickelt sich ein heiterer Ehrgeiz: Nächstes Mal habe ich mehr Glück, da gelingt es mir, meinen Partner zu übertrumpfen. Solches Vergnügen setzt Energien frei und schafft neue – positive – Spannung, auch für die erotische Lust und Liebe.

Mit Lust und Liebe

Miteinander Lust auf etwas
beide Beglückendes zu entwickeln,
fördert das Gemeinschaftsgefühl
und kann in einer leidenschaftlichen
Umarmung
ihren Höhepunkt finden.

Heute

Heute
freuen wir uns
aufeinander
aneinander
miteinander.

Heute
begeistern wir uns
für Lust,
Liebe und
Labsal.

Heute
umarmen wir uns
wärmend,
wohlig und
wonnevoll.

26 Das **Miteinander** neu entdecken

Lass uns was zusammen machen!

Es gibt Paare, die ein gemeinsames Hobby pflegen, über das sie sich kennengelernt haben. Beide üben die gleiche Sportart aus, musizieren im selben Orchester oder gehören demselben Verein an. Von da aus ergibt sich eine einvernehmliche Freizeitgestaltung von selbst. Aber es gibt auch individuelle Interessen, die Menschen miteinander verbinden, wie zum Beispiel eine spezielle Sammelleidenschaft, Reisen in ferne Kontinente oder die Kultur eines bestimmten Landes. Manchmal gehen solche anfänglichen Gemeinsamkeiten im Laufe der Jahre verloren. Dann ist es gut, wenn beide versuchen, zu neuen Berührungspunkten mit dem Partner zu finden. Das könnte dann in etwa so aussehen:

Lass uns heut' ins Theater gehen
und das neue Stück ansehen;
danach, das wird gemütlich sein,
trinken wir ein Gläschen Wein.
Am Sonntag eine Wanderung,
die bringt uns wieder neu in Schwung –
ein Picknick unter grünen Bäumen,
und einfach unterm Himmel träumen.
Der Fernseher bleibt abends aus,
wir suchen alte Spiele raus
und amüsieren uns – nur so
bei Scrabble und bei Domino.
Wir könnten auch mal wieder segeln
oder mit alten Freunden kegeln,
zum See rausfahren und dort baden
und uns zu einem Eis einladen.
Ein Bummel durch die Einkaufsstraßen
könnte uns ja auch bespaßen –
die Auslagen vergnügt betrachten
und auf die Musikanten achten,
die mit Akkordeon und Singen
viel Stimmung auf die Straße bringen.

Wenn's draußen regnet oder schneit,
dann haben wir genügend Zeit,
in alten Fotos zu versinken
und dabei einen Tee zu trinken.
Und steht ein neuer Urlaub an,
da fragen wir uns dann und wann,
wohin sie gehen soll, die Reise –
wir rechnen und studiern die Preise.
Es gibt so viele, viele Sachen,
die beiden Partnern Freude machen.
Man muss sich das nur manchmal sagen
und einen neuen Anfang wagen,
damit die liebe Zweisamkeit
erfüllt bleibt von Lebendigkeit.

27 **Nähe** tut gut

Du verstehst mich

Menschliche Nähe und Wärme tun gut. Die körperliche Nähe, Schmusen und Zärtlichkeit sind ganz wichtig. Ebenso bedeutend aber ist die geistige Nähe, das Interesse aneinander und das sichere Gefühl, dass der andere einen versteht – manchmal auch ohne Worte. Wo schon ein Blick genügt, um zu sagen: „Ich weiß genau, wie du dich nach der großen Enttäuschung, die du erlitten hast, fühlst." Aber auch: „Ich sehe dir an, dass dein Vorhaben gelungen ist und freue mich aus vollem Herzen mit dir. Ich habe schon eine Flasche Champagner kaltgestellt. Jetzt wollen wir zusammen deinen Erfolg feiern." Oder eine zärtliche Geste zeigt: „Schön, dass du jetzt da bist, ich habe mich schon den ganzen Tag auf dich gefreut."

Paare, bei denen eine so tiefe Vertrautheit gewachsen ist, sind einander auch bei räumlichen Trennungen nah. Sie müssen am Telefon gar nicht viel sagen oder erklären, der Partner nimmt allein schon an der Stimme und der Wortwahl wahr, wie es um den anderen bestellt ist. Man sieht ihn zwar nicht, fühlt sich aber dennoch durch die Wärme seiner Worte umarmt und geborgen – und die Vorfreude auf die nächste Begegnung wächst von einem Augenblick zum anderen.

Du bist mir nah

Du bist mir nah,
auch wenn uns tausende
von Kilometern trennen,
in deinen Worten
fühle ich mich aufgehoben
und geborgen –
umarmt von deiner
Stimme Klang.

28 **Offenheit** nach außen

Kontakte pflegen

Es ist wunderschön, wenn man sich in der Beziehung miteinander wohlfühlt. Aber darüber hinaus ist Kontaktpflege wichtig und notwendig. Über den engeren Freundeskreis hinaus kann man ja auch die Nachbarn oder Kolleginnen und Kollegen zu einem Glas Wein einladen, um mit ihnen einen gemütlichen Abend zu verbringen. Da bekommt man möglicherweise ganz andere, einem vielleicht bisher fremde Gedanken zu hören, nimmt eine ungewohnte Weltsicht wahr und gewinnt dadurch neue Perspektiven. Aber so ernst muss es ja nicht immer gleich werden. Vielleicht wird das Zusammensein einfach nur lustig und vergnüglich. Und ein heiteres Gemüt wirkt sich auch auf das Zusammensein in der Partnerschaft aus.

„Gast-Haus" – auch für Fremde

Ein älteres Ehepaar, christlich geprägt, hatte, nachdem die Kinder ausgezogen waren, leerstehende Räume in seiner großen Wohnung. Beiden war es selbstverständlich, stets Gäste, aber auch Fremde bei sich zu beherbergen. In der Kirchengemeinde gab es immer wieder ausländische Studierende, die zunächst keine Bleibe fanden. Das Ehepaar nahm sie auf, verköstigte sie – natürlich unentgeltlich – und unterstützte sie bei der Suche nach geeigneten Wohnräumen und Möbeln. Hatten die einen schließlich eine brauchbare Unterkunft gefunden, brachten sie schon die nächsten bei sich unter. Asylbewerber begleiteten sie zur Ausländerbehörde, um ihnen beim Ausfüllen der Formulare zu beizustehen. Sie sagten: „Wir haben so viel Glück, das wir miteinander teilen dürfen, dass wir gern anderen davon abgeben möchten."

Das Haus öffnen

Öffnet euer Haus
und euer Herz für Menschen,
mit denen ihr Fröhlichkeit
heiteren Gemüts teilen könnt –
aber auch für Fremde,
die eurer Hilfe
und Unterstützung
bedürftig sind.
Die Güte eurer Herzen
kehrt mannigfach
zu euch selbst
zurück.

29 **Optimismus** walten lassen

Halb voll oder halb leer?

Es gibt Menschen, die von Grund auf pessimistisch sind. Anstatt – um den berühmten Satz zu verwenden – zu denken, das Glas ist noch halb voll, meinen sie, das Glas sei halb leer. Der Alltag wird von permanenten Bedenken und Befürchtungen durchzogen und vergiftet damit die Atmosphäre in der Beziehung.

So sagt der Pessimist beispielsweise: „In der nächsten Woche soll es nur regnen. Da können wir unseren Urlaub gleich vergessen."

Der Optimist hingegen sagt: „An unserem Urlaubsort gibt es viele Museen, die wir bei schlechtem Wetter aufsuchen können. Das wird sicher sehr interessant. Außerdem gibt es dort ein gutes Theater. Es lohnt sich bestimmt, dort einmal eine Vorstellung zu besuchen."

Der Pessimist sagt: „Wir sind bei Familie A zum Essen eingeladen. Mir graust es jetzt schon vor dem Essen."

Der Optimist hingegen sagt: „Das wird bestimmt ein schöner Abend. Das Essen dort ist zwar immer ziemlich exotisch, aber ich freue mich auf die anregenden Gespräche mit den anderen Gästen."

Der Pessimist sagt: „Mit deinem Gehalt werden wir uns nie ein Haus leisten können."

Der Optimist hingegen sagt: „Ich habe mit den Banken gesprochen und mich über Baufinanzierungen beraten lassen. Wenn wir gemeinsam einen Sparplan für die nächsten Jahre ausarbeiten, können wir das hinkriegen."

Und nun dürfen Sie entscheiden, mit wem der beiden Sie lieber zusammen wären.

30 Im Geist der **Partnerschaft**

Hausarbeit wird geteilt

So lange ist es noch gar nicht her, dass die häusliche Arbeit nicht mehr allein der Frau obliegt. Es erscheint unglaublich: Erst im Jahr 1977 (zum Vergleich: 1969 hatte die erste Mondlandung stattgefunden!) war – infolge der Frauenbewegung – das Partnerschaftsprinzip zum Gesetz geworden, nach dem es keine vorgeschriebene Aufgabenteilung in der Ehe mehr gibt. Offensichtlich fühlen sich aber viele Frauen immer noch in erster Linie für die Arbeiten im Haushalt zuständig, selbst dann, wenn sie berufstätig sind. Eine Ursache dafür mag sein, dass etliche Normen und Regeln über das Unterbewusstsein weitergegeben werden, so dass von daher die Traditionen der älteren Generation bei vielen Menschen unreflektiert weiter gelebt werden. Zum anderen trauen zahlreiche Frauen ihren Männern

mannigfache Aufgaben im Haushalt nicht
zu – oder Männer sind sich nach wie vor zu
schade dazu.

Vielleicht sollte man da einfach einmal
einen Versuch starten, wie jene junge Ehefrau, die es irgendwann satt hatte, dass sich
ihr Mann nach der Arbeit mit einer Flasche
Bier auf das Sofa vor den Fernseher legte,
während sie noch den Haushalt und das gemeinsame Kleinkind versorgte. Eines Abends
hat sie ihm zu seiner Überraschung einfach
das Geschirrtuch in die Hand gedrückt. Mit
Erfolg! Und was mit dem Geschirrtuch angefangen hat, kann sich ja über das Bedienen
der Spülmaschine, des Staubsaugers und des
Bügeleisens fortsetzen …

Du wäscht, ich spüle –
so geht's hin und her,
an alte Rollenbilder
halten wir uns nicht mehr!

31 Den Partner **pflegen**

In Freud und Leid

Bei der kirchlichen Trauung verspricht man,
einander „in Freud und Leid" treu zu bleiben.
Es gibt viele Formen der Freude, aber auch
viele des Leides. Eine davon ist, wenn einer der
Partner krank wird. Es geht ja nicht nur um
die körperliche Versorgung mit Essen und
Trinken und Hilfen bei der Körperpflege. In ge-
sundheitlich angeschlagenem Zustand ist der
Mensch besonders empfindsam und bedarf
in hohem Maß auch des seelischen Beistands,
der Ermutigung und Aufmunterung, der Nähe
und Zärtlichkeit. Das kostet den gesunden
Partner sowohl Organisationsgeschick als
auch viel Kraft, vor allem, wenn er berufstätig
ist. Aber die Zeit der Fürsorge kann die Beziehung auch bereichern. Die Zeit, die man am
Bett des Partners sitzt, kann zu Gedanken und
Gesprächen führen, die in Zeiten gemein-

samer Gesundheit bisher zu kurz gekommen sind.

Nun ist es sicherlich ein Unterschied, ob jemand an einer vorübergehenden gesundheitlichen Einschränkung leidet, wie zum Beispiel an einer leichten Infektion oder einem Beinbruch, oder ob eine Krankheit ausgebrochen ist, die kaum noch Heilungschancen verspricht. Ich denke da an die Frau, die wusste, dass ihr Mann seine schwere Krebserkrankung nicht überleben würde. Sie hat alles Erdenkliche getan, um ihm die letzten Monate das Leben so schön wie möglich zu machen. Sie konnten sogar noch eine kleine Reise miteinander unternehmen.

Ich denke auch an den Mann, der seine an Demenz erkrankte Frau unter Aufopferung all seiner Kräfte daheim betreut hat, solange es irgend ging. Als er der Aufgabe nicht mehr gewachsen war, hat er sie täglich im Pflegeheim besucht, obwohl sie ihn nicht mehr erkannte. Beide verdienen meinen tiefen Respekt.

32 **Poesie** des Herzens

Schreib mal ein Liebesgedicht

Das Thema „Freundschaft, Liebe, Partnerschaft"
war bei meinen Schülerinnen in der Berufs-
schule immer sehr beliebt. Zum einen konnten
sie von ihren eigenen bisherigen Erfahrungen
erzählen, zum anderen wurden sie von mir an-
geleitet, sich mit den Thesen eines Psychologen
zum Thema auseinanderzusetzen. So gut, so
schön. Da Liebe ja nun aber primär Sache des
Herzens ist, betrat ich eines Tages den Klassen-
raum mit einigen fotokopierten Liebesgedich-
ten in der Hand. Aufgabe war, die Stellen in den
poetischen Texten zu unterstreichen, die sie an-
sprechen würden. Nach einem gedanklichen
Austausch darüber kam dann die eigentliche
Aufgabe, die darin bestand, selbst ein Liebesgedicht zu schreiben. Da hörte ich natürlich
gleich erregte Stimmen: „Das kann ich nicht",
„Dazu fällt mir nichts ein."

Doch der Protest fand bald ein Ende. Einige saßen vor dem leeren Bogen und sahen sich hilfesuchend um, andere aber begannen zögernd mit ersten Notizen. Ich ging durch die Bänke, fragte, Diskretion wahrend, hier und da, ob ich den Text lesen dürfe. Und siehe da, einige Mädchen brachten wunderschöne Gedanken zu Papier. Wer mit seinem Entwurf fertig war, durfte sein Gedicht auf ein von mir aus rotem Papier ausgeschnittenes Herz schreiben.

In der darauf folgenden Stunde erzählte mir die Schülerin, die am heftigsten über die Aufgabe gestöhnt hatte, dass sie ihre zwei wirklich wunderschönen Gedichte ihrem Freund geschenkt und der sich darüber sehr gefreut habe. Ein Jahr später, die Abschlussprüfungen waren längst vorbei, traf ich sie in der Stadt. Sie blieb stehen und erzählte mir, dass sie seit besagter Unterrichtsstunde regelmäßig Gedichte schreibe, vornehmlich Liebesgedichte. Vielleicht ist solch ein Versuch ja nicht nur im Unterricht lohnenswert, son-

dern auch eine Idee, selbst einmal seine
Gefühle dem Partner gegenüber in einem
Gedicht zum Ausdruck zu bringen und ihm zu
schenken, auch wenn man weder Goethe
noch Schiller zu seinen Vorfahren zählt.

Vom Geheimnis der Liebe

Meine Liebe zu dir
ist das tiefste Geheimnis
meines Lebens,
weil ich es selbst nicht verstehen,
nicht begreifen
und nicht ergründen kann.
Und doch spüre ich jeden Tag,
dass mein ganzes Leben
davon durchdrungen ist.

33 **Quatsch** machen

Übermut tut manchmal gut

Wir wollen heute tanzen, singen
und über Tisch und Bänke springen,
wir wollen um die Wette laufen
und hundert Schokoküsse kaufen,
im Park bei Nacht 'ne Rose pflücken –
der Liebsten an den Busen drücken
und – frisch verliebt – uns mit Entzücken
schmusend in die Büsche drücken.
Wir woll'n die Nacht zum Tage machen,
nur Blödsinn reden und viel lachen,
von niemandem dazu geladen
heimlich im Pool der Nachbarn baden,
mit vielen, vielen Wunderkerzen
sie in die Luft malen – die Herzen,
uns schwören – und ganz ernst dabei –
dass unsere Liebe ewig sei.

Alter schützt vor Unfug nicht

Je älter man wird, umso mehr Freude gewinnt man wieder an kindlichem Vergnügen. Da war zum Beispiel das betagte Ehepaar, das sich – wohl unbeobachtet fühlend – auf einem Kinderspielplatz auf die Schaukeln setzte, Schwung holte und dabei sang: „Komm auf die Schaukel, Luise!" Wer weiß, welche Jugenderinnerungen beide damit verbunden haben!

Oder ich denke an ein Paar, das seit fünfzig Jahren zusammen ist. Eines Tages machten sie sich einen Spaß daraus, all die Sprüche, die im Laufe der Zeit zu ihrem ständigen Repertoire gehörten, aufzuschreiben und zu nummerieren. An der Goldenen Hochzeit zweifelten die Gäste an dem Verstand der beiden, als der Mann irgendwann „7" sagte, die Frau mit „13" darauf antwortete und beide in schallendes Gelächter ausbrachen.

Zweisitzer

Eines Abends wurde in der Wiener Innenstadt ein älteres Paar von einer Polizeistreife angehalten. Die beiden waren so vergnügt, schäkerten und poussierten miteinander, dass die Polizisten vermuteten, es mit angeheiterten Gästen eines Heurigenfestes zu tun zu haben. Aber sie irrten sich. Die beiden – die Goldene Hochzeit bereits hinter sich – besaßen gültige Führerscheine und hatten, wie eine Blutprobe ergab, null Promille Alkohol im Blut.

Das machte die Polizisten stutzig, so dass sie den Wagen inspizierten. Zu ihrem Erstaunen stellten sie fest, dass beide Frontsitze mit Bremsen und Gaspedalen ausgerüstet waren – wie bei Fahrschulwagen. Auf die Frage, was das denn solle, antwortete das Pärchen vergnügt: „Damit jeder von uns beiden mal bremsen und mal Gas geben kann."

34 Hundert **rote Rosen**

Für dich soll's rote Rosen regnen

Für *mich* soll's rote Rosen regnen, hat Hildegard Knef einst gesungen. Wer verliebt ist, mag den Text vielleicht umdichten: Für *dich* soll's rote Rosen regnen. Als mein erstes Buch zum Thema „Rosen" erschienen war, hat mein Mann diese Variante in die Tat umgesetzt. In unserem Wohnzimmer lagen um mein Buch herum hundert rote Rosen auf dem Teppich. Die Fotos davon und die Erinnerung daran berühren mich noch heute.

Nun müssen es ja nicht immer gleich hundert rote Rosen sein, schon gar nicht im Winter, wenn die Rosen aus anderen Kontinenten importiert werden und sehr teuer sind. Eine einzelne rote Rose sagt dem geliebten Menschen ja auch schon mehr als tausend Worte. Und das nicht nur zum Valentins-, Hochzeits- oder Geburtstag.

Das Geheimnis der Rose

Es ist ein wundersames Geheimnis, das die
Rose umschwebt. Nicht ohne Grund hat die
griechische Dichterin Sappho (um 600 v. Chr.)
sie die „Königin der Blumen" genannt. Sie be-
zaubert durch ihre Schönheit und ihren Duft
(wie andere Blumen auch), und dennoch ist
sie mehr als nur eine Blume. Eine Rose – eine
rote vornehmlich – ist ein Symbol für die
Liebe, und indem sie als solche unsere Seelen
anrührt, wird sie gleichsam Fenster zum Himmel, lässt sie uns das Göttliche – auch ins uns
selbst erahnen.

Jede Rose, die in der äußeren Welt duftet,
spricht vom Geheimnis des Ganzen.
Rumi

Die Rose, welche hier dein äußres Auge sieht,
die hat von Ewigkeit in Gott geblüht.
Angelus Silesius

Als die Liebe mich fand

Sehnsuchtsvoll
streckte ich
meine Hand
nach der Liebe aus –
und erblicke
heute in ihr
die betörendste
rote Rose.

Rosen und Dornen

Die Dornen gehören zur Rose dazu,
so ist nun mal die Natur –
es gibt keine Liebe ohne Wunden,
doch haben sich zwei Menschen
für immer gefunden,
zählt allein ihrer Treue Schwur.

Liebesgrüße aus der Schachtel

Es wird Zeit, einmal wieder gründlich aufzuräumen, sagte sie sich. Kisten und Kästen wurden durchgesehen, ob man ihre Inhalte noch brauchen könne. Mit einem Mal hielt sie inne. In einem kleinen Pappkarton entdeckte sie eine getrocknete Rose. Sie setzte sich hin und überlegte: Von wem könnte sie diese Rose bekommen haben? Stammte sie aus ihrem Brautstrauß – oder war sie die Liebesgabe eines Verehrers aus der Zeit vor ihrer Ehe. Erinnerungen wurden wieder wach, längst verflossene Freundschaften wurden vor ihrem inneren Auge wieder lebendig. Träume, Hoffnungen und schmerzhafte Enttäuschungen vergegenwärtigten sich, als seien sie erst gestern durchlebt worden. Wer ihr nun wirklich die Rose geschenkt hatte, fiel ihr beim besten Willen nicht ein. Aber der Glanz erlebter Liebe war in ihrem Herzen noch einmal neu aufgeleuchtet.

35 **Schenken** – aber wie?

Ich schenke dir mein Herz

Ich suche schon seit Stunden.
Ich habe nichts gefunden,
was ich dir schenken kann.
Und auch der Gärtner hat nun zu.
So lass ich diesmal den Kommerz
und schenke dir allein mein Herz.
Thomas Knodel

Sich selbst schenken

Schenke mit Geist ohne List!
Sei eingedenk, daß dein Geschenk
Du selber bist!
Joachim Ringelnatz

Was schenken?

Frauen stöhnen darüber, dass Männer so schwer zu beschenken sind – und viele Männer tun sich mit der Auswahl von Geschenken überhaupt schwer. Das meiste von dem, was man gern hätte, kann man sich ohnehin selbst kaufen.

Geschenke sind aber im Grunde genommen gerade das, was man sich nicht selbst geben kann. Insofern ist es wirklich das größte Geschenk, dem anderen sein Herz zu schenken – also seine Liebe, seine Aufmerksamkeit, seine unbedingte Zuwendung und darin etwas von der eigenen Zeit.

In Georg Büchners Liebeskomödie „Leonce und Lena", heißt es: „Wir lassen alle Uhren zerschlagen, alle Kalender verbieten und zählen die Stunden und Monde nur noch nach der Blumenuhr, nur nach Blüte und Frucht."

Ich mache mich selbst
für dich zum Präsent,
weil ich präsent für dich bin.

Heute nehme ich mir Zeit für dich

Heute nehme ich mir Zeit für dich:
Ich entfliehe meinen Ausreden
und stelle mich innerlich ganz auf dich ein.
Du bist mir wichtig
in allem, was du mir zu sagen wagst,
und in dem, was ich von dir
in deinem Schweigen erahne.
Heute schenke ich mich dir
in all meiner Aufmerksamkeit,
meiner Liebe und meinem Mitgefühl.
Heute bin ich einfach nur
für dich da.

Wenn jeder gibt, was er hat …

Della und Jim waren ein junges Paar, glücklich miteinander, aber so arm, dass es gerade zum Nötigsten reichte. Della war verzweifelt. Am kommenden Tag war Weihnachten und sie hatte noch kein Geschenk für ihren Liebsten. Plötzlich hatte sie eine Idee. Sie stellte sich vor den Spiegel, löste die Kämme aus ihrem Haar und sah, dass es sie, golden und glänzend, wie ein Wasserfall umgab. Tränen traten ihr in die Augen, dann steckte sie es wieder auf, sprang die Treppen hinunter und eilte zu einem Geschäft, dessen Besitzerin Haar ankaufte. Für zwanzig Dollar ließ sie sich die Pracht abschneiden, um mit dem erworbenen Geld ein Geschenk für Jim zu kaufen. Nach langem Suchen fand sie schließlich das Richtige: eine Platinkette für seine Uhr, die bisher nur an einem schäbigen Lederband befestigt war.

Daheim angekommen, brannte sie sich Löckchen in ihre kurzen Haare und bangte darum, ob Jim sie auch so noch lieben könne. Er kam, pünktlich wie immer – doch er sah sie mit einem Blick an, der sie irritierte. Dann schloss er sie in seine Arme – zog ein Päckchen hervor und überreichte es ihr mit den Worten, dass sie nun wohl seine Verwirrung verstehen könne. Als sie es geöffnet hatte, tat sie einen Freudenschrei, der zugleich in Tränen erstickte. Sie entdeckte die wunderschönen, teuren, mit echten Steinen besetzten Kämme, die sie sich so sehnlich gewünscht hatte. „Mein Haar wächst schnell", versuchte sie sowohl Jim als auch sich selbst zu trösten. Dann sprang sie auf, um Jim sein Geschenk zu geben. Wie würde seine Uhr an der neuen Kette glänzen. Doch Jim erwiderte ruhig, sie sollten ihre Geschenke noch für lange Zeit aufbewahren – sie seien so kostbar. Denn er habe seine Uhr verkauft, um die Kämme für sie zu erwerben. Nun aber sei es Zeit, die Koteletts für das Abendessen aufzusetzen.

Nach O. Henry,
Das Geschenk der weisen Männer

36 Miteinander **schweigen**

Es gibt unterschiedliche Arten des Schweigens. Da schleicht sich Sprachlosigkeit ein, weil keiner dem anderen mehr etwas zu sagen hat, weil das Interesse am anderen und seinem Erleben verloren gegangen ist. Der Alltag wird von Stummheit und tödlichem Stillstand dominiert. Oftmals wird solche Wortlosigkeit durch den Fernseher übertönt. Oder man zieht sich hinter Video- oder Computerspiele zurück.

Miteinander zu schweigen kann in der Beziehung aber auch etwas ganz anderes bedeuten: ein stilles Einverständnis miteinander und ein Gespür für den anderen, das gemeinsam gewachsen ist und nicht mehr vieler Worte bedarf. Wo ein Lächeln oder eine zärtliche Geste mehr sagen als tausend Worte: Ich weiß, wie es dir geht, ich verstehe dich, auch wenn du mir nichts sagst, ich nehme dich in meine Arme, ruh dich nur an meiner Schulter aus. Einssein miteinander, bis der Atem gemeinsam gleichmäßig fließt und die Stille die tiefe Nähe zueinander umarmt. Vielleicht hatte die Sängerin Daliah Lavi solche Gedanken oder auch Erfahrungen im Hintergrund, als sie das Lied sang:

Meine Art, Liebe zu zeigen,
das ist ganz einfach schweigen,
Worte zerstören,
wo sie nicht hingehören.

37 **Sehnsucht** im Herzen

Nur wer die Sehnsucht kennt,
Weiß, was ich leide!
Johann Wolfgang von Goethe

Vielleicht haben wir diesen Satz selbst auch einmal gedacht oder durchlitten, als wir vom Liebsten für lange Zeit getrennt waren. Als die Uhren langsamer tickten als sonst, die Stunden bis zum nächsten Telefonat sich endlos dahinquälten, die Tage oder Wochen zu Ewigkeiten anschwollen. Dann die endlosen Minuten auf dem Bahnsteig, ein Bein auf das andere tretend, bis der Zug einrollte, der den geliebten Menschen nahen ließ. Und schließlich der Augenblick seligen Glücks, wenn man ihn wieder in die Arme schließen konnte, trunken vor Leidenschaft und in der Tiefe seines Herzens hoffend, dass nunmehr die Zeit für immer stillstehen möge.

In Erwartung

Meine Sehnsucht nach dir
ist ohne Anfang und ohne Ende.
Ungeduldig verfolge ich die Zeiger der Uhr
und wünsche mir brennend,
sie würden schneller voranrücken.

Ich kann es kaum erwarten,
dich in meine Arme zu schließen,
den Duft deiner Haut einzuatmen
und dich in zärtlicher Umarmung
zu spüren und zu genießen.

Wenn Sehnsucht krank macht

Man schrieb das Jahr 293 v. Chr. Antiochos, der Sohn des Seleukidenherrschers Seleukos Nikator I., litt an einer schweren, fremdartigen Krankheit. Der Leibarzt des Königs wusste sich schließlich keinen Rat mehr, weder Arznei noch Aderlass hatten geholfen, um das Leben des jungen Mannes zu retten. Doch eines Tages, als der Arzt wieder nach dem Kranken sah, betrat völlig überraschend Stratonike, eine der Nebenfrauen des Königs, das Krankenzimmer. Im gleichen Augenblick lebte Antiochos auf, sein Puls raste und seine Wangen röteten sich. Der Arzt lächelte, hatte er doch die Ursache für die Leiden des jungen Mannes erkannt. Umgehend teilte er diese dem König mit. Erleichtert über die Genesung seines Sohnes trat dieser seine Nebenfrau an Antiochos ab. Sie lebten in friedlichem Einvernehmen miteinander – und der Vater ernannte seinen Sohn später sogar zum Mitregenten.

38 **Solidarität** vereint

Königin Wilhelmine und Prinzgemahl Heinrich von Mecklenburg-Schwerin besuchten auf einer Reise durch ihr Königreich auch ein katholisches Städtchen.

Wilhelmine unterhielt sich geflissentlich mit Honoratioren der Stadt, unter denen sich auch einige Geistliche befanden. Nun wollte sich auch der Prinzgemahl – er hatte den Ruf, nicht gerade der klügste Kopf aus deutschem Fürstengeschlecht zu sein – am Gespräch beteiligen, wandte sich an einen Priester und fragte, ob sein Vater denn auch schon Geistlicher gewesen sei.

Eine peinliche Pause entstand. Wilhelmine wollte ihrem Gemahl zur Seite springen und sagte: „Ach, Heinrich hat ganz vergessen, dass katholische Pfarrer ja gar keinen Vater haben."

Manchmal ist tricksen erlaubt

Sie hatten sich beide lange auf die große Chinareise gefreut. Den Höhepunkt bildete eine dreitägige Fahrt auf dem Jangtsekiang-Fluss. Ausgerechnet da erkrankte er schwer. Da es für die Reisegruppe sowohl Außen- als auch Innenkabinen gab, wurde die Verteilung ausgelost. Sie dachte, dass er mit seinem Fieber bei der sengenden Hitze unbedingt frische Luft, also eine Außenkabine, bräuchte. So hastete sie die der Gruppe zugeteilten Kabinen entlang und prägte sich deren Nummern schnell ein. In der Zwischenzeit hatte der Reiseleiter die Zahlen auf einzelne Kärtchen geschrieben. Als sie zurückkam, sah sie gerade noch, wie er sie umdrehte. Dabei konnte sie sich merken, wo die Nummer zwei lag. Rasch griff sie zu und bekam dadurch für beide die ersehnte Außenkabine. Er war die ganzen Tage über krank, aber wenigstens bekam er durch die offene Tür genügend kühlen Wind.

Sich selbst riskieren

Wer wirklich liebt,
wird weite Wege wagen.
Er überwindet seine Angst,
weiß mit Gefahren umzugehen
und lässt sich die Hoffnung
nicht rauben.

Wer wirklich liebt,
der riskiert
sich selbst.

39 **Streiten** können ist eine Kunst

Kein Wort mehr von dir …!

Eigentlich verlief der Abend ganz friedlich. Er hatte am nächsten Tag einen wichtigen Geschäftstermin in London und bat seine Frau, ihn um 6 Uhr zu wecken, damit er das Flugzeug nicht verpasse. Später gerieten sie jedoch in einen erbitterten Streit, bis er sie anschrie, dass er bis auf weiteres kein einziges Wort mehr von ihr hören wolle.

Als er am nächsten Morgen erwachte und auf den Wecker blickte, wurde er bleich. Es war 9 Uhr. Er fuhr wütend hoch, als er einen Zettel auf dem Nachttisch erblickte, auf dem stand: „Es ist 6 Uhr, du musst aufstehen!"

Man sollte nie die Nacht beginnen, ohne sich gegenseitig ein Wort der Versöhnung geschenkt zu haben – vor allem, wenn man keinen eigenen Wecker hat.

Im Ehestand muss man sich manchmal streiten, denn dadurch erfährt man was voneinander.
Johann Wolfgang von Goethe

Streiten will gelernt sein

Zur Liebesbeziehung gehört, wie zu jeder Gemeinschaft, die Entwicklung einer Streitkultur. Man setzt sich – im wahrsten Sinne des Wortes – auseinander. Das eröffnet einem die Möglichkeit, den anderen in seiner Persönlichkeit ganz wahrzunehmen und sich mit dem, was er denkt, was in ihm vorgeht, intensiv zu befassen. Auf diese Weise nimmt man Neues an dem Partner wahr, vielleicht auch Unangenehmes, das einen überrascht, erschrecken lässt oder auch verletzt. Aber solche offen ausgetragene Differenzen führen, vielleicht erst nach sehr langen Wegen, zu neuen Sichtweisen, durch die sich die Beziehung erweitert und vertieft.

„Unrecht habe ich nie"

Die Schauspielerin Elisabeth Bergner genoss in den zwanziger und frühen dreißiger Jahren schon Weltruhm. Sie war selbstbewusst und wohl das, was man heute als *emanzipiert* versteht. Reihenweise hatte sie Männerherzen gebrochen, bis sie schließlich den Regisseur Paul Czinner heiratete.

Eines Tages gab es bei dem Ehepaar einmal wieder einen erbitterten Krach.

Nach stundenlangen, ergebnislos verlaufenden heftigen Diskussionen räumte Elisabeth schließlich ein: „Also gut, ich gebe ja zu, dass ich nicht immer recht habe."

Sie atmete tief durch und setzte dann in bestimmtem Tonfall nach: „Unrecht habe ich aber nie."

40 Liebe lehrt **tanzen**

Ich lobe den Tanz, denn er befreit den Menschen von der Schwere der Dinge, bindet den Vereinzelten zu Gemeinschaft.

Ich lobe den Tanz, der alles fordert und fördert, Gesundheit und klaren Geist und eine beschwingte Seele.

O Mensch lerne tanzen, sonst wissen die Engel im Himmel mit dir nichts anzufangen.
Aurelius Augustinus zugeschrieben

Tanzen macht glücklich

Recht hat er, der Augustinus. Die Beanspruchung der Muskeln zur Musik setzt im Gehirn das Glückshormon Endorphin frei. Stress wird abgebaut, das Körpergefühl wird gestärkt. Tanzen hält jung und sexy. Wer kann da noch widerstehen?

Lass uns mal ein Tänzchen wagen

„Lass uns mal ein Tänzchen wagen", so beginnt ein Schlager der „Rhineländdixies". Tanzveranstaltungen boten in früheren Zeiten die Möglichkeit, einen Partner kennenzulernen und ihm in der Öffentlichkeit körperlich nahe zu sein. Heute gibt es zahlreiche andere Mittel und Wege, Bekanntschaften zu machen. Aber das schließt ja nicht aus, miteinander tanzen zu gehen, ob in die Disco oder auf einen Ball.

Die Ausrede „Ich kann nicht tanzen" zählt da nicht. Einen Foxtrott kriegt eigentlich jeder hin. Doch selbst, wenn man keinen der Standardtänze beherrscht – zu den Rhythmen der Musik können sich Alt wie Jung schwungvoll bewegen, wenn sie denn guten Willens sind. Und wenn man sich erst einmal darauf eingelassen hat, kommt der Spaß ganz von selbst.

Wer sich dennoch nicht auf öffentliches Parkett begeben möchte, kann ja auch daheim einmal eine CD auflegen und den Partner zu einem Tänzchen verführen. Und den ganz hartnäckigen Verweigerern kann man zum Hochzeitstag einen Kurs bei der Tanzschule schenken. Vielleicht wird der Partner nach all den Anstrengungen beim Abschlussball aber auch ein Kompliment hören wie der körperlich kleine Napoleon seinerzeit von der Gräfin Potocka, die ihm auf seine Frage, wie er tanze, antwortete: „Sire, für einen großen Mann tanzen Sie ausgezeichnet." Und das motiviert dann vielleicht sogar zu einem Kurs für Fortgeschrittene. Denn wie lautet doch noch gleich das Sprichwort? *Liebe lehrt tanzen.*

41 Einfach **träumen**

Was gibt es Schöneres, als gemeinsam mit einem Grashalm im Mund auf einer bunten Sommerwiese zu liegen und seine Träume zum Himmel aufsteigen zu lassen?

Träume von einer edlen Villa an einem See mit Personal, nach dem man nur zu klingeln braucht, damit es einem einen Espresso, einen Milchshake oder einen Cocktail serviert … Träume von teuren Limousinen vor dem Portal, von einer Segelyacht, auf der man schicke Partys mit einflussreichen Gästen feiern und jeden Hafen der Welt ansteuern kann …

Manchmal macht es einfach Spaß, sich miteinander gedanklich in die Welt der Reichen und Schönen dieser Welt zu versetzen und das Unmögliche auszufantasieren – im Hinterkopf den Lottoschein, den man am Kiosk ausgefüllt hat und der Hoffnung, dass die Glücksfee einen dieses Mal auserwählt.

Träume leben

Aber auch, wenn man den Jackpott nicht geknackt hat: Träume bleiben – und beleben die Beziehung. Vielleicht muss man die stillen Sehnsüchte nur ein wenig reduzieren, um sie verwirklichen zu können: anstelle einer Villa ein Reihenhaus mit einem kleinen Garten, statt edler Limousinen eine praktische Familienkutsche, anstelle einer Yacht ein Schlauchboot, mit dem man am nahe gelegenen Baggersee herumrudern kann, anstelle der Weltumseglung eine zweiwöchige Reise nach Südfrankreich oder Mexiko …

Natürlich wünscht sich jeder, einmal ins große Geld greifen zu können und bei Ausgaben nie mehr rechnen zu müssen, ob er sich die auch leisten kann. Aber ob da der Spaß nicht auch irgendwann aufhört? Kann man die Realisierung eines Traumes nicht viel mehr genießen, wenn man lange dafür gearbeitet und gespart hat?

Auf einer Sommerwiese

Es gibt nichts Schöneres
als die Pflicht zu versäumen
und auf einer Sommerwiese
gemeinsam zu träumen:
Möchten wir zusammen
die Welt bereisen –
von Frankreichs Schlössern
bis zu Tibets Weisen?
Wollen wir heiraten,
wünschen wir uns ein Kind?
Kaufen wir uns ein Haus,
in dem wir eine Familie sind?
Steht uns der Sinn
nach beruflichen Zielen,
möchten wir nach Erfolg
und Karriere schielen?
Wir wissen heute noch nicht,
was uns wirklich beglückt –
doch allein das Träumen
hat uns entzückt.

42 **Treue** kommt von Trauen

Fragen Sie sieben Menschen nach dem, was sie unter Treue verstehen, und Sie werden sieben unterschiedliche Antworten erhalten.

Treue heißt:

Nicht fremdgehen

Dem Partner uneingeschränkt vertrauen

Wenn es irgend geht, Krisensituationen in der Partnerschaft gemeinsam durchstehen und nicht gleich davonlaufen

Zu seinem Wort stehen, also in jeglicher Hinsicht verlässlich sein

Sich dem Partner ganz anvertrauen können, auch mit seinen Schwächen

In Notsituationen oder schwerer Krankheit
den Partner betreuen

Das Seine tun, um die Partnerschaft immer
wieder aufs Neue zu beleben

Und wie lautet Ihre Antwort?

Ich will dir treu sein

Wenn ich dir sage,
dass ich dich liebe,
so will ich damit zugleich
bekräftigen,
dass ich dir treu sein möchte
mein Leben lang.
Du sollst dich stets
auf mich verlassen
und mir in jeder Hinsicht
vertrauen können.

Die Weiber zu Weinsberg

Als König Konrad III. den Herzog Welf geschlagen hatte (im Jahr 1140) und Weinsberg belagerte, so bedingten die Weiber der Belagerten die Übergabe damit: dass eine jede auf ihren Schultern mitnehmen dürfte, was sie tragen könne. Der König gönnte das den Weibern. Da ließen sie alle Dinge fahren, und nahm eine jegliche ihren Mann auf die Schulter und trugen den aus. Und da des Königs Leute das sahen, sprachen ihrer viele, das wäre die Meinung nicht gewesen, und wollten das nicht gestatten. Der König aber lachte und tät Gnade dem listigen Anschlag der Frauen: „Ein königliches Wort", rief er, „das einmal gesprochen und zugesagt ist, soll unverwandelt bleiben."
Jacob und Wilhelm Grimm

Die Treue der Frauen aber lebte im Volksmund weiter, denn die Weinsberger Burg wird bis zum heutigen Tag „Weibertreue" genannt.

43 Ich will dich trösten

Trauer gemeinsam tragen

Eine Frau erzählte von dem Tod ihrer Mutter im vergangenen Jahr. „Mein Mann hat sich in dieser für mich schweren Zeit großartig verhalten. Natürlich hat er mir geholfen, all die anfallenden Formalitäten zu bewältigen. Aber noch wichtiger war seine ungeteilte Zuwendung. Man hat die Trauer ja nicht nach ein paar Tagen oder Wochen bewältigt. Immer, wenn in mir wieder Erinnerungen an Kindheits- und Jugendjahre aufstiegen, hat er mir schweigend zugehört. Manchmal dabei meine Hand genommen oder mir über das Haar gestreichelt, so dass ich mich geborgen fühlen durfte. Er hat mich mit all meinen Gefühlen ertragen und getragen. Viele Menschen meinen ja, ein Trauernder weint eine Weile und dann ist alles ausgestanden. Ich habe meinen Mann ein paar Mal regelrecht angeschrien. Aber er wusste zum Glück, dass Wutausbrüche zur Bewältigung der Trauer gehören, so dass er sie einfach ignoriert hat. Dafür bin ich ihm besonders dankbar. Ich hätte auch die Fliegen an der Wand oder die Verkäuferin im Supermarkt anfauchen können. Mein Mann hat diese aggressiven Ausbrüche abgekriegt, weil er in meiner unmittelbaren Nähe war. Es ist dieser Zorn darüber, dass einem der geliebte Mensch genommen wurde. Warum jetzt schon, habe ich oft gedacht, meine Mutter hätte doch noch gut und gerne ein paar Jahre leben können. Anfangs sind wir an jedem Wochenende zum Friedhof gefahren. Inzwischen gehen wir einmal im Monat zum Grab. Manchmal bricht der Schmerz wieder frisch auf, aber insgesamt bin ich ruhiger geworden. Mein Mann hat mich durch seine achtsame Begleitung meiner Trauer wieder ins Leben zurückgeführt."

Still begleiten

Der Weg der Trauer,
der jetzt vor dir liegt,
ist weit und lang,
und niemand kann
an deiner Stelle
ein paar Schritte davon gehen.

Doch will ich dich
auf diesem Weg ganz still begleiten
und alles, was dein Herz
in dieser Zeit bewegt
an Tränen, Zorn und Traurigkeit,
mit dir gemeinsam tragen,
bis eines Tages du dem Leben
wieder ein leises Lächeln
schenken kannst.

44 Gepflegte **Umgangsformen**

Höflichkeit ist eine Zier,
mit der man jede Liebe krönt,
und stets dem Partner mit Manier
das Leben würdevoll verschönt.

Alternative

Er, während er auf dem Sofa liegt und Fußball
sieht, zu seiner Frau: „Los, hol mir mal ein Bier
aus dem Kühlschrank!" Darauf sie: „Wie heißt
doch das Zauberwort mit den zwei ‚tt'"?
Er darauf: „Aber flott, flott!"

Oder:
Er: „Schatz, kannst du bitte so lieb sein und
mir ein Bier aus dem Kühlschrank holen, das
Spiel ist gerade so spannend." Sie: „Aber das
mache ich doch gern", bringt ihm das Bier
und legt den Öffner dazu. Er darauf: „Danke!"

Benehmen ist nicht Glückssache

Im Freundes- und Bekanntenkreis, am Arbeitsplatz oder fremden Menschen gegenüber ist es selbstverständlich, höfliche Umgangsformen an den Tag zu legen. Ein vergleichbar respektvolles Benehmen, das man zum Beispiel den Mitarbeiterinnen und Kollegen oder dem Chef gegenüber zeigt, wirkt sich auch auf die Atmosphäre des partnerschaftlichen Zusammenlebens wohltuend aus. Und so viel Zeit nehmen die Worte „bitte", „danke", „kannst du so lieb sein …?", „das ist aber nett von dir …!" ja nun wirklich nicht in Anspruch, als dass sie einen nicht noch zu anderen schönen Dingen des Lebens kommen ließen.

Über den Ton hinaus geht es auch darum, freundliche Verhaltensweisen zu pflegen. So ist es eigentlich viel netter, wenn beide gemeinsam mit der Mahlzeit beginnen, als wenn der eine schon mit dem Essen anfängt, während der andere noch die Suppenkelle in der Hand hat.

Einige einstmals geltende Höflichkeits-regeln haben sich im Laufe der Zeit verändert. War es früher selbstverständlich, dass der Herr der Dame in den Mantel half, so sind viele Männer heute unsicher geworden, ob ihre Partnerin diese Geste schätzt. Betrat ein Paar ein Restaurant, war es üblich, dass der Mann voranging, um seiner Partnerin die Tür aufzuhalten. Heutzutage kann auch die Frau, wenn sie den Tisch bestellt hat und ihren Mann zum Essen einladen möchte, als Erste das Lokal betreten.

Das alte „ritterliche" Verhalten der Män-ner den Frauen gegenüber hat sich aufgelöst, und neue Regeln wollen erst gefunden wer-den. Aber diese Aufgabe muss man ja nicht gleich für die ganze Gesellschaft überneh-men. Es genügt in der Partnerschaft, wenn man miteinander herausfindet, durch welche Umgangsformen sich der andere geachtet und gewürdigt weiß.

45 **Verantwortung** übernehmen

„Du bist ein Leben lang für das verantwortlich, was du dir vertraut gemacht hast", sagt
der Fuchs zum kleinen Prinzen.
Antoine de Saint-Exupéry

Eltern sind verantwortlich für ihre Kinder.
Aber Verantwortung in der Partnerschaft?
Das sind doch beide mündige Menschen, die
auf sich selbst achtgeben können. Dennoch
gibt es immer wieder Situationen, in denen
das nicht zutrifft. Da ist zum Beispiel die Frau,
die dafür sorgen muss, dass ihr Mann regelmäßig seine Tabletten einnimmt, weil er dafür zu nachlässig ist. Oder der Mann, der auf-
passt, dass seine an Diabetes erkrankte Frau
nicht doch einmal nascht. Manchmal ist es
eben einfach gut, wenn jemand liebevoll auf
einen achtgibt.

Von Mathematik
verstehe ich mehr als du

Männer fühlen sich durch die Achtsamkeit ihrer Frauen auf ihre Gesundheit oft bemuttert oder auch bevormundet.

So erging es zum Beispiel Albert Einstein, der 1928 schwer erkrankt war. Demzufolge hatte sein Arzt ihm strengstens das Rauchen untersagt. Gelegentlich zog er an seiner geliebten Pfeife, um vor seiner Frau den Willen zum Verzicht zu demonstrieren. Aber er konnte der Versuchung nicht widerstehen, sie hin und wieder auch anzuzünden. Das machte seine Frau Elsa wütend. „Wie viele hast du heute schon geraucht?", wollte sie wissen. „Eine", kam die Antwort. „Sei ehrlich!" „Na ja, es ist die zweite." „ Ich sehe dir doch an, dass du schwindelst." „ Es ist die dritte", gab Einstein kleinlaut zu. „Es ist mindestens die vierte", empörte sich Elsa. „Aber nicht doch", widersprach Einstein, „in der Mathematik kenne ich mich besser aus als du."

Das Ende der Party

Es war eine tolle Party gewesen. Erst in den frühen Morgenstunden brachen sie auf. Beide waren bester Laune – und ziemlich angetrunken. Trotzdem wollte er mit dem Auto nach Hause fahren. Sie widersprach und versuchte, ihm den Wagenschlüssel zu entwenden. Dabei kam es zu einer Rangelei, bei der andere Gäste zuschauten und sich über ihn lustig machten. Er stehe offensichtlich unter dem Pantoffel, daheim hätte wohl seine Frau die Hosen an ... Sie hatte inzwischen ein Taxi bestellt. Einer gemeinsamen Freundin gelang es schließlich, ihn dazu zu bewegen, auch in das Taxi zu steigen. Am nächsten Tag, wieder einigermaßen ausgenüchtert, gestand er: „Wenn ich getrunken habe, neige ich immer zur Selbstüberschätzung. Danke, dass du dich nicht hast irritieren lassen und dafür gesorgt hast, dass wir heil nach Hause gekommen sind." Dann brachen sie auf, um den Wagen abzuholen.

46 **Vergebung** ist mehr als ein Wort

Verzeihen, immer wieder verzeihen

Ein junger Priester hatte am folgenden Tag seine erste Trauung zu halten, aber er wusste beim besten Willen nicht, was er dem jungen Paar mit auf den gemeinsamen Lebensweg geben sollte. In seiner Hilflosigkeit brach er zu einem Spaziergang auf – in der Hoffnung, unterwegs eine Eingebung zu bekommen. Vor einem Gehöft traf er auf eine betagte Bäuerin, der er seine Not anvertraute. Die Alte lächelte und sprach: „Sagen Sie den beiden doch, sie mögen einander immer und immer wieder verzeihen."

Seid vielmehr gütig zueinander und barmherzig, vergebt einander, wie auch Gott euch durch Christus vergeben hat.
Neues Testament

Die Geschichte von der Ehebrecherin

Jesus aber ging auf den Ölberg. In der Frühe erschien er wieder im Tempel und alles Volk kam zu ihm. Er setzte sich und lehrte sie. Da brachten die Schriftgelehrten und die Pharisäer eine Frau herbei, die beim Ehebruch ertappt worden war, stellten sie in die Mitte und sagten zu ihm: Meister, diese Frau ist auf frischer Tat beim Ehebruch ertappt worden. Mose hat uns im Gesetz vorgeschrieben, solche Frauen zu steinigen. Was sagst du dazu? Das sagten sie, um ihn auf die Probe zu stellen, damit sie eine Anklage gegen ihn hätten. Jesus aber bückte sich und schrieb mit dem Finger auf die Erde. Als sie jedoch hartnäckig weiterfragten, richtete er sich auf und sagte zu ihnen: Wer von euch ohne Sünde ist, werfe als Erster einen Stein auf sie. Dann bückte er sich wieder und schrieb auf die Erde. Als sie das gehört hatten, gingen sie weg, einer nach dem anderen, von den Ältesten angefangen. Er blieb allein zurück mit der Frau, die in der

Mitte stand. Da richtete sich Jesus auf und sagte zu ihr: Frau, wo sind sie? Hat keiner dich verurteilt? Sie aber antwortete: Keiner, Herr! Da sagte Jesus zu ihr: Auch ich verurteile dich nicht. Geh und sündige von jetzt an nicht mehr!

Johannesevangelium 8, 1–11

Vergeben

Fragte ein Schüler:
„Wie soll ich anderen vergeben?"
Antwortete der Meister:
„Wenn du nie verurteilst, brauchst du einem anderen nie vergeben."

Anthony de Mello

Vergebung ist Gift für jede Feindschaft

„Vergebung ist Gift für jede Feindschaft" hat der Theologe Fulbert Steffensky einmal zugespitzt formuliert. Man könnte den Satz auch andersherum formulieren: „Vergebung ist Nahrung für jede Liebe." Wir wissen aus eigener Erfahrung: Es gibt keine menschliche Beziehung, die ohne gegenseitige Verletzungen bleibt. Mit dem Wort „Tut mir leid" ist es aber nicht immer getan. Manche Kränkung kann so schwer wiegen, dass eine Trennung unvermeidlich ist. Wenn man aber liest, dass jede zweite bis dritte Ehe geschieden wird, stellt sich die Frage, ob manche Paare zu früh das Handtuch werfen. Weil sie versäumt haben, Verletzungen durch offene, wenngleich auch anstrengende Gespräche zu klären und dabei zugleich eigene Schuldanteile an der Krise wahrzunehmen und einzugestehen. Wenn das aber ernsthaft geschieht, eröffnen sich vielen Beziehungen echte Chancen für eine erfüllte Zukunft.

Versöhnung

Weiße Rosen in meiner Hand,
Boten des Friedens
und der verträglichen Gedanken
und Gefühle,
mit denen ich dir heute begegnen will.

Weiße Rosen in meiner Hand,
die ich dir heute zur Versöhnung
entgegenhalte.
Nimm sie –
zuerst die Hand – dann die Rosen.

47 **Vertrauen** will wachsen

Sich ganz aufeinander einlassen können

Vertrauen will wachsen. Es entsteht dann, wenn einer versucht, den anderen zu verstehen. Das geschieht zum Beispiel dadurch, dass man immer wieder das Gespräch miteinander sucht. Wenn man über das Tageserleben hinaus von sich selbst spricht. Wenn man einander nach und nach aus seinem Leben erzählt, von der Kindheit, von den Ängsten, Hoffnungen und Träumen, die einen bewegen – und wenn man sich dabei gegenseitig nicht nur mit den Ohren, sondern zugleich mit dem Herzen zuhört, um einander von innen her wenigstens ansatzweise zu begreifen. Es ist eine große Erleichterung, wenn man sich gegenseitig auch seine Schwächen anvertrauen kann, ohne fürchten zu müssen, von dem anderen belächelt zu werden. Dazu gehört natürlich auch, dass man das Gesagte in sich bewahrt und kein Wort davon nach außen dringen lässt. Dieses gegenseitige Vertrauen entwickelt sich zudem in dem Respekt vor der Persönlichkeit des anderen. Denn jeder ist ja ein eigenständiger Mensch mit seiner eigenen Geschichte, mit eigenem Erleben und eigenen Sehnsüchten geblieben. Es ist vielleicht gar nicht immer so einfach, sich gegenseitig nicht nach den jeweils eigenen Wünschen und Idealvorstellungen formen zu wollen, sondern den anderen als den anzunehmen, der er ist, damit sich jeder beim anderen fallen lassen kann. Den anderen annehmen wie er ist – aber wie ist er denn? Kaum glaubt man, den anderen in seinen Grundwesenszügen zu kennen, hat er sich verändert. Plötzlich öffnet er sich neuen Interessen, pflegt neue Bekanntschaften. Auch man selbst verändert sich. Und so heißt einander vertrauen auch, sich wachsam auf einen stetigen Wandlungsprozess einzulassen. Gerade dadurch können die Partner immer wieder eine faszinierende Wirkung aufeinander ausüben.

48 Persönliche **Wertschätzung**

Eines Tages bereiste Kaiser Otto I., der Große, zusammen mit seiner ersten Gemahlin, der englischen Prinzessin Editha, die deutschen Lande, um ihr die Herrlichkeit seines Reiches vor Augen zu führen. An der Döllnitz kamen sie an einem Städtchen vorbei, das gerade neu entstand. In seiner Verliebtheit meinte der Kaiser zu Editha: „Dieser Ort soll nach den Worten benannt werden, die du hier als erste aussprichst." Sie sah ihn zärtlich an und dachte bei sich, dass sie dieser Aufgabe nicht gewachsen sei, da sie sich nur in häuslichen Dingen gut auskenne. Verlegen flüsterte sie: „O Schatz, wie könnte …?" Da lächelte der Kaiser, wies zu dem Städtchen hin und sagte. „Oschatz soll für alle Zeiten dein Name sein."

Und in der Tat: Oschatz ist heute eine Kreisstadt in Sachsen.

Ehre, wem Ehre gebührt

Wir sind ja nun leider – oder glücklicher-
weise – keine Kaiserin, so dass wir nicht erwarten können, von unserem Gemahl mit
derlei Ehren bedacht zu werden wie Editha.
Und sicherlich möchten wir auch nicht, dass
beispielsweise unser Hund *unseren* Namen
bekommt, was bei Herrchens Rufen „Ina sitz!"
oder „Kati fass!" zu verhängnisvollen Irrtü-
mern führen könnte. Es gibt da sicher eine
ganze Palette anderer Möglichkeiten, sich –
gegenseitig – Achtung und Wertschätzung zu
erweisen. Bewusst wahrzunehmen, was der
Partner im Alltag leistet, und regelmäßig mit
Lob und Anerkennung zu bedenken, wären da
sicher ein Anfang. Persönliche Erfolge des
Partners können mit einem kleinen, indivi-
duell gestalteten Fest gewürdigt werden. Und
vielleicht sollte man gemeinsame Erinne-
rungstage immer wieder zum Anlass nehmen, einander rundum zu verwöhnen.

49 Kraft der **Zärtlichkeit**

Auf einem Spaziergang durch eine Parkanlage sah ich auf einer Bank ein älteres Paar. Sie hatte sich auf der Bank ausgestreckt und barg ihren Kopf in seinem Schoß. Behutsam streichelte er ihre Wangen.

Dieses Bild hat mich tief berührt. Für junge Leute ist es selbstverständlich, in der Öffentlichkeit zu schmusen. Ältere Menschen sind da eher scheu, weil sie früher gelernt haben, dass sich das nicht gehört, oder weil die einstige Liebe mit den Jahren müde geworden und die Sprache der Zärtlichkeit verstummt ist. Dabei sehnt sich wohl jeder dann und wann danach, in den Arm genommen und geknuddelt zu werden, um menschliche Nähe und Wärme zu spüren. Überraschen wir unseren Partner doch heute einmal mit ein paar Streicheleinheiten. Ich bin sicher, er wird sie erwidern.

Ich will zart zu dir sein

Ich will zart zu dir sein
und dich behutsam
in meine Arme schließen.
Du bist der wichtigste Mensch
in meinem Leben,
und ich hoffe,
dass du das immer
und immer wieder spürst.
Durch kleine Gesten
möchte ich dir zeigen,
dass deine Liebkosungen
meine Seele durchdringen
und ich mich in deiner Zärtlichkeit
vom Glück umarmt weiß,
ja, dass der Zauber der Liebe
uns stets aufs Neue
auf himmlische Weise
miteinander vereint.

50 **Zuhören** ist eine hohe Kunst

Die meisten Differenzen in der Ehe beginnen damit, dass eine Frau zu viel redet und ein Mann zu wenig zuhört.
Curt Goetz

Besser als ihr Ruf!

„Warum Männer nicht zuhören und Frauen schlecht einparken" schlecht Unter diesem Titel erschien im Jahr 2000 ein Buch, das sich eingehend mit den psychischen Unterschieden zwischen Mann und Frau beschäftigt. Allerdings können Männer ebenso gut zuhören wie Frauen, nur sie zeigen es anders: Während Frauen auf Beiträge ihres Gegenübers durch Mimik und Gestik emotional reagieren, geben Männer nur neutrale Signale ab, so dass Frauen meinen, gegen die Wand zu reden. Tun sie aber nicht. Die Männer sind in Wahrheit also besser als ihr Ruf.

Ganz Ohr sein können

Zuhören setzt voraus, dem anderen nicht gleich ins Wort zu fallen, einen Kommentar zu dem Erzählten abzugeben oder von sich selbst zu reden, sondern wirklich den eigenen Mund zu halten und still sein zu können. Zuhören heißt, sich mit seiner ganzen Person auf den anderen einzustellen: Was willst du mir sagen, welche Gefühle, welche Ängste oder Hoffnungen verbergen sich in deinen Worten? Manchmal genügt ein leises „mm", das dem anderen signalisiert, dass man seinen Worten wachsam lauscht und ihm die Möglichkeit eröffnet, sich alles, was ihn bewegt, von der Seele zu reden, um es im eigenen Herzen zu beherbergen. Der andere muss sich sicher sein, dass nichts von den anvertrauten Gedanken nach außen dringt. Er muss spüren, dass er in dem, was er dem anderen von sich offenbart hat, aufgehoben und geborgen ist.

Mit der Sprache des Herzens

Endlich einmal
die eigene Stimme
zum Schweigen bringen
und hören auf das,
was der andere sagt.

Endlich einmal
die eigenen Vorwürfe
verstummen lassen
und die Kritik aufnehmen,
die vom anderen kommt.

Endlich einmal
wirklich aufeinander
eingehen können –
mit der Stille und der
Sprache des Herzens.

Christa Spilling-Nöker

HIMMLISCHE KÜCHE
Das Kochbuch der christlichen Feste
Mit 12 Rezepten von Starköchin Lea Linster
204 Seiten | Vierfarbig illustriert
ISBN 978-3-451-30206-0
In diesem appetitanregend gestalteten historischen
Kochbuch stellt Christa Spilling-Nöker Brauchtum
und Rezepte durch den ganzen Jahreskreis
hindurch vor.

EINFACH GERNE LEBEN
365 gute Tage
240 Seiten | Zweifarbig gestaltet | Mit Leseband
ISBN 978-3-451-32173-3
Jeden Tag ein Impuls von Christa Spilling-Nöker,
um inmitten aller Betriebsamkeit aufatmen zu
können.

DER IMMERWÄHRENDE KALENDER
Für alle persönlichen Festtage
240 Seiten | Durchgehend farbig | Mit Leseband
ISBN 978-3-451-29228-6
Zum Eintragen aller persönlichen Festtage! Mit
inspirierenden Texten von Christa Spilling-Nöker.

HERDER

Wie schön bist du

Mit Bildern der Liebe von Marc Chagall
48 Seiten | Durchgehend farbig | Gebunden
Liebesgedichte von Christa Spilling-Nöker, die an
das biblische Hohelied der Liebe erinnern.

Ein Engel dir zur Seite

Die schönsten Texte von Christa Spilling-Nöker
mit Bildern von Marc Chagall
80 Seiten | Durchgehend farbig | Gebunden
Die beliebtesten Engel-Texte von Christa Spilling-
Nöker jetzt in einem Band.

Zeit für Gelassenheit

204 Seiten | Durchgehend farbig | Spiralbindung
ISBN-978-3-451-32128-3
Aufstellbuch mit Impulsen von Christa Spilling-
Nöker, gestaltet mit Fotografien, die die Seele
erfrischen.

Behutsam will ich dich begleiten

Auf dem Weg des Abschieds
88 Seiten | Farbig gestaltet | Gebunden
ISBN 978-3-451-32193-1
Ein Begleiter in der Phase des Abschiednehmens
von geliebten Menschen und über ihren Tod
hinaus.

HERDER

Anselm Grün

DAS KLEINE BUCH DER LEBENSLUST
Herder Spektrum Band 7105

DAS KLEINE BUCH DER SEHNSUCHT
Herder Spektrum Band 7104

DAS KLEINE BUCH DER HERZENSRUHE
Herder Spektrum Band 7106

DAS KLEINE BUCH VOM WAHREN GLÜCK
Herder Spektrum Band 7103

DAS KLEINE BUCH DER ENGEL
Herder Spektrum Band 7102

DAS KLEINE BUCH VOM GUTEN LEBEN
Herder Spektrum Band 7044

MIT RUHIGEM HERZEN
Das kleine Buch für Freude und Gelassenheit
Herder Spektrum Band 6013

HERDER spektrum

Atempausen für die Seele

Christa Spilling-Nöker
50 Zutaten zum Glück
Von A wie Apfel bis Z wie Zimt
Herder Spektrum Band 7109

Andrea Schwarz
Bunter Faden Leben
Mutmachtexte
Herder Spektrum Band 7110

Sylvia Müller | Ulrich Sander (Hg.)
Schenk deiner Seele ein Lächeln
Worte, die gut tun
Herder Spektrum Band 7112

Phil Bosmans
Mensch, ich hab dich gern
Herder Spektrum Band 7095

Pierre Stutz
Heilende Momente für die Seele
Herder Spektrum Band 7052

HERDER spektrum

© Verlag Herder GmbH, Freiburg im Breisgau 2011
Alle Rechte vorbehalten
www.herder.de
Umschlaggestaltung und -konzeption:
R·M·E Eschlbeck / Hanel / Gober
Herstellung: fgb · freiburger graphische betriebe
www.fgb.de
Gedruckt auf umweltfreundlichem,
chlorfrei gebleichtem Papier
Printed in Germany
ISBN 978-3-451-07118-8